文化昆明

WENHUA KUNMING
JINNING

晋宁

滇国故都　郑和故里

总策划　程连元　王喜良
主　　编　金幼和
本卷主编　储照芳

云南出版集团　云南人民出版社

文化昆明

晋宁

WENHUA KUNMING JINNING

“文化昆明”丛书编委会

文化昆明 · 晋宁

本卷编委会

晋　宁

图书在版编目（CIP）数据

文化昆明．晋宁 / 储照芳主编．-- 昆明：云南人民出版社，2019.10
ISBN 978-7-222-17378-1

Ⅰ．①文… Ⅱ．①储… Ⅲ．①文化史－晋宁 Ⅳ．①K297.41

中国版本图书馆 CIP 数据核字 (2019) 第 221449 号

出品人： 赵石定
责任编辑： 刘　焰　苏映华
装帧设计： 李乐乐　熊小熊
责任校对： 陈春梅
责任印制： 窦雪松

文化昆明·晋宁

主编： 储照芳
出版： 云南出版集团　云南人民出版社　// **发行：** 云南人民出版社
社址： 昆明市环城西路 609 号　// **邮编：** 650034
网址： www.ynpph.com.cn　// **E-mail：** ynrms@sina.com

开本： 787mm×1092mm　1/16　// **印张：** 16.75　// **字数：** 220 千
版次： 2019 年 10 月第 1 版第 1 次印刷
印刷： 云南出版印刷集团有限责任公司　云南新华印刷一厂
书号： ISBN 978-7-222-17378-1　// **定价：** 79.00 元

如需购买图书、反馈意见，请与我社联系
总编室：0871-64109126　发行部：0871-64108507
审校部：0871-64164626　印制部：0871-64191534

云南人民出版社微信公众号

总 序

历史名城 异彩绽放

云南省省会昆明，地处中国西南边陲，有“春城”之美称，是一座有着悠久历史和奇特自然风光的诗意之城。国务院1982年公布首批24座历史文化名城，昆明就以其优势位列其中，尽展风采。翻开这套精美的“文化昆明”丛书，可以让你尽览其内涵的丰富和博大，满足你对昆明文化的追思与怀想。

转眼之间，昆明已经走过1240多年的漫漫历程。它古老而年轻，传统而时尚，在时光中积淀下丰富多元的文化底蕴，向世界展示出“历史文化名城”的奇特风姿。它三面环山，南依滇池，在历史的波涛中经历岁月变换。上天垂怜，这里天高云淡，彩云南现。花在这里四季不谢，风过这里温暖如春。

“春城”之名，名副其实。

早在2000多年前，昆明就是“南方丝绸之路”的重要陆路枢纽，连接起中国和世界的友好往来。当今盛世，它又重振开拓进取的雄风，成为中国面向南亚、东南亚开放的门户城市。它浓缩了云南省的区位优势，集中体现了云南的美丽、神奇和多姿。它是国家历史名城，也是中国重要的旅游、商贸城市。在昆明获得的众多荣誉中，近年新获的这几项尤其能说明它的独特优势：2016年中国十佳绿色生态旅游城市、2016年中国最具魅力宜居宜业宜游旅游城市、2017年世界春城十佳、2017年中国年度文化影响力城市……昆明正在以出色的自然生态环境和深厚的文化底蕴，向世界展示历史文化名城的特殊魅力。

历史是一幅壮丽长卷，展开这幅长卷，你将会看到昆明这座历史名城的前世今生，感受到它的风起云涌、波澜壮阔。它在时间中一路走来，历经岁月风霜，积淀下厚重的人文传统。“文化昆明”丛书就是为了展示昆明文化风采而作的一部大气之作。翻开它的书页，将引领你进入一个古老博大、丰富多姿的昆明。你会看到，在岁月帷幄后面，昆明收藏着一部部风云传奇。

早在数千年前的漫漫时光中，古滇国人就开始依傍滇池筑城。一座苴兰城，在历史的天幕上熠熠生辉，留下几多风中传奇，为昆明开启了一扇文明之门。后来又历经汉代的谷昌城、南诏的拓东城、大理国时期的鄯阐城、元代的鸭池（或中庆城）……城市的身影在历史的烟云中起伏，文明之光在时间长河中闪耀。一路走来，至明代的“龟蛇之城”，终于奠定今天昆明城的基础和风貌。那些承载着昆明历史与传奇的事物，至今还在历史舞台上演绎着不息的传说。

翻开“文化昆明”丛书的书页，历史画面如风如雾，岁月足音隐隐可闻。金马扬蹄碧鸡欲飞，五华风烟谱一代传奇。你会发现，昆明的每一段历史都和国家命运紧密相连；每一张书页中，都有生动的故事随风传扬。重九起义、护国运动，写下不朽历史篇章；蜿蜒跌宕的滇越铁路、滇缅公路，带着使命从昆明出发，谱写下时代风云传奇；滇军台儿庄抗战从昆明启程，西南联大入滇到昆明集合，历史见证着昆明对国家、民族的无私奉献……

昆明是云南的中心，也是历史风云的大舞台。穿过时光隧道，可以窥见历史波光潮起潮落，永不沉寂。真正是叹不尽数千年往事，写不尽代代英雄辈出。

有着悠久历史的昆明，不但有厚重的历史文化底蕴，还有无数美丽动人的自然风光。立体多元的气候条件和自然资源，更是昆明得天独厚的优势。

水，滋养了昆明古老的历史，也创造了昆明文化的精神：博大、包容、温润、丰厚，是一座城市发展进步的精神底蕴。滇池是全国第六大淡水湖，辽阔五百里，风光无限好，如同一面明镜，为昆明带来“波光潋滟三千顷，莽莽群山抱古城”的美景。它是昆明的母亲湖，更是昆明历史文化的重要源泉。盘龙江等河流从四面注入其中，汇聚成一个壮观的高原之“海”。它收纳昆明的历史光影于波光涛影中，见证着时间岁月的悠久绵长。它养育了古滇国的厚重，创造过古滇文化的奇观。从昆明穿城而过的盘龙江，则如同一条蜿蜒长龙，书写下昆明现实发展的壮丽长卷。

山，是昆明的屏障，昆明的筋骨，支撑起厚重的历史与文化。耸立的山峰，是昆明精神的另一种写照，象征着坚强的意志与不屈的努力进取。群山拱卫昆明，守护着中国西南这片边远辽阔的美丽疆土。立足滇池，放眼四方，“东骧神骏，西翥灵仪，北走蜿蜒，南翔缟素”。山是昆明文化精神的另一个侧面，它代表着坚毅、刚强，以千万年的沉默，矗立成一种不屈的精神。

如此多情山水，养育了昆明的花，风情万种，四季不谢。花是昆明人温婉、多情性格的体现，也是昆明这座城市热情、开放、进取精神的象征。“不要人夸好颜色，只留清气满乾坤。”无论哪个季节来到昆明都有鲜花盛开，每个角落都会给人充满温馨的享受。近年来，斗南的鲜花市场在努力进取中崛起，以花色缤纷、花市多姿而闻名世界，为昆明这座“花之都”平添异彩。

昆明的自然景观丰富多元，人文创造相得益彰。在历史长河中，昆明一直在努力奋进，奋勇拼搏，追赶着时代前进的步伐。它由民国时期的4.49平方公里，发展到今天的21473平方公里，就是最好的证明。如今的昆明下辖7区6县1市，其省会城市的规模和风姿独放异彩。每一个区、县、市，都已经形成自己独特的特色和优势，共同构成一个多元、开放、进步的新昆明。放眼之处，五华拥翠，盘龙蜿蜒，官渡涛涌，西山苍劲，主城的四个区，历史悠久，风景独异，拱卫出昆明的内核和精神气蕴。

“中国花卉第一县”的呈贡区，这里不仅有驰名天下的斗南花市，还是中国著名的蔬菜生产基地。大学城的建成，更为它增添了浓厚的文化意蕴。地处昆明东北部的“天南铜都”东川区，则以红土地的神奇壮美闻名于世，描绘了一幅壮丽的自然画卷。位于滇池之畔的晋宁区，有深沉厚重的历史底蕴。它是古滇王国的发源地，青铜文化的古老摇篮。富民县素有“滇北锁钥”之美称，默默守卫着昆明北大门。嵩明县收获了“滇中粮仓”“花灯之乡”“龙狮之乡”之美誉。寻甸回族彝族自治县，红军长征在柯渡留下了红色遗迹，向后人昭示着一种开拓进取的精神。石林县有“云南石林世界地质公园”，宜良县有“九乡风景区”，每一处都是大自然的鬼斧神工，也是闻名天下的自然奇观。禄劝彝族苗族自治县境内的“乌蒙轿子雪山省级自然风景保护区”，苍峰雪顶，珍奇遍地，也是一处神奇险峻的自然杰作。距昆明32公里的安宁市，历史悠久，有“螳川宝地，连然金方”之美誉。2017年11月，安宁市又力挫群雄，荣获“全国文明城市”荣誉称号。

今日的昆明开拓进取，成果卓著。触目处有花香遍地，鸥鸟欢鸣；举头望长空雁叫，银鸟翱翔。还有一条条高铁线路，如风如电，连接起八方美景。一个立足西南、放眼世界的新昆明，正在时代征程中尽展风姿。

自然风光旖旎多姿，人文精神源远流长，二者互相映衬，在长长的时间轨迹中塑造了昆明文化的基本精神：丰富多元，立体多姿；开拓进取，敢为人先。它为昆明在新时代的发展进步，奠定一片厚重背景。

文化是一块土地千百年历史精华的凝聚，是无数人心血和汗水的创造。文化也是当代人的精神家园，是一座城市的根脉所在。作为一个地处边疆、多民族共居的城市，作为一个承载着丰富时代内涵的省会城市，昆明的魅力不言而喻，它是中国西南大地上一块闪烁着五彩奇光的瑰宝。

优秀的传统文化，是经过时间之网过滤之后的岁月精华，是一代代人心血和精神的凝聚，也是一个时代创新发展的源泉和根基，一块土地的根脉之所在。有了文化的滋养，一座城市才能在前进征程中焕发新光彩，激发前进的动力。优秀的传统文化，也是不可再生的精神资源，需要我们怀着敬畏之心去学习和传承。

人们怀念老昆明，就是对优秀传统文化的追思与怀想。它们是那些从时间之页上流走的古老日子，既有风云变幻构成的宏大篇章，也有日常生活的平凡与诗意。诸如传说中“昆明八景”的瑰丽，滇池浪尖的鱼跃，盘龙江畔花灯的悠远，还有西山龙门的险峻，南屏街梧桐的婆娑，正义路灯火的璀璨……

翻开“文化昆明”丛书，它可以满足你对传统和现实的审美需求，可以展现给你昆明多姿的侧面和丰富的内涵。组织编写这套丛书，是本着一种对历史负责的态度，对子孙后代负责的精神，对昆明文化内涵的一次集中梳理与总结。同时，这也是在历史长河中捡拾珍珠的过程，把它们连接成一串闪光的珠串。

用历史的眼光、文化的视觉、文学艺术的手法、文化大散文的表现方式，来展现昆明的文化，让昆明的历史和特色生动形象地彰显于世，这是组织者的良苦用心。多姿多彩的文本，行云流水的文字，是昆明众多文人才子精神智慧和文学才华的倾情奉献。

一套“文化昆明”丛书，将昆明历史文化的精华囊括其中。每一页都有岁月之光在闪耀，每一册都有珍珠珍藏其中。翻开它，你可以从滇池涛声中谛听古老岁月的悠悠回声；进入它，你可以展望新昆明的辽阔远景。古老悠久的文化传统，如同川流不息的盘龙江，滋润着昆明这块古老、开放的土地，引领它创造更加美好的未来。

目录 Contents

175　第三章　新歌唱响

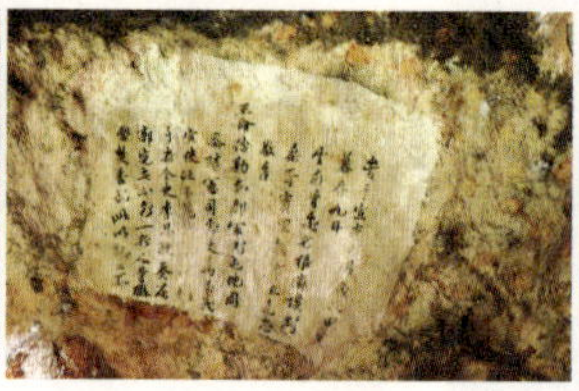

文化昆明·晋宁

JINNING

第一章 灵毓生辉

钟灵毓秀，人杰以赴。滇池西南岸，自石器时代便有了人类活动。庄蹻入滇建都立国，滇文化繁衍生息。历史长河浩荡 2000 多年，晋宁，一步步从蒙昧走向了文明。来自古生代、中生代的礼物，记录了生命的起源、地球的演变和地球上各种矿物质的形成过程；晋城古镇随处散落的残垣断片、石寨山出土的国宝级文物，全面展示了滇文化的丰富内涵，闪耀着迷人的历史文化魅力，镌刻着这片土地的深远和博大。神秘的古滇国，已然湮灭在岁月的尘埃中，恐龙居住过的地方，却有人间天堂。

来自古生代中生代的礼物

自20世纪30年代末40年代初，晋宁便陆陆续续收到了来自古生代、中生代的礼物。其中，最负盛名的是磷都、梅树村剖面和夕阳古生物化石保护区。

世界磷都

磷都，是晋宁的别称。

20世纪三四十年代，晋宁大地科学巨匠云集，他们发现并探明了这里的磷矿，储量大，品位高，有害杂质少，埋藏浅。20世纪七八十年代时，科学家又说：晋宁的磷矿储藏量，居“三阳磷矿”之首，与美国的佛罗里达、苏联的柯拉、非洲的摩洛哥齐名，为“世界四大磷都”之一。2017年，业界称：云南磷化集团有限公司是中国目前最大的现代化露天磷矿采选和磷化工企业，国家重点磷化工企业，国家磷复肥基地配套磷矿采选生产基地，国家安全标准化一级企业。

晋宁境内的磷矿资源，从发现到今天已经走过了79个年头。79年来，她做出的贡献不只局限于经济方面，还有文化方面。这文化方面的贡献，不仅祖国认可，连世界都公认。

程裕淇，中国科学院院士，发现中国沉积磷矿第一人。1939年1月28日，和王学海一道来到昆阳县中邑村（今晋宁区昆阳街

道中谊村）歪头山一带考察，发现沉睡在这里的是一座大型沉积磷矿。他把这一发现，写成《云南昆阳中邑村歪头山间灰岩矿地质简报》一文，向外界报道。从此，世界知道了中国有座大型沉积磷矿，即后来的昆阳磷矿。学者们沿着他的成果去研究，发现了躺在昆阳磷矿里的"前寒武（震旦）系—寒武系界线层型剖面"。

震旦系，命名地在中国。古印度人称中国为"震旦"，意即东方出太阳的地方。德国地质学家，首先将"震旦"一词，用于地学研究中，后人纷纷仿效。中国把国际上前寒武纪的后期，即距今为 19.5 亿 ~ 6 亿年的这段地质时期，称为震旦系。震旦系是原始生命体诞生的时期，生物仅有低级植物，且以水生菌藻类植物为主。后期，出现了软躯体动物。软躯体动物不具骨骼和外壳，在岩层中只留下了软体遗迹。所以，这个地质时代及之前的地质时代，留存在地层中的化石及其遗迹不多。但是，这一时期的地质作用频繁、剧烈，给各种矿床的形成提

露天磷矿采选

供了极好的条件，世界上大多数金属矿和非金属矿，基本上是在这个地质时期形成的。

寒武系，即古生代的第一个纪。它与震旦系的明显差异是：生物发展发生了一个质的飞跃，大量带壳、具骨骼的动物以“突然”“爆发”的方式出现在地球上。生物种属开始复杂化，进化速率明显加快。到了晚期，地球上保有了现代生物的几乎所有种属类群，海洋生机一派。在这个过程中，地球上还发生了另一奇观：陆地风化，海底火山喷发，海水中的磷质被生物吸收，死亡后的生物与海水中的磷质一同沉积，富集浅海，这就是磷、铁矿产的形成过程。

晋宁大地，记录的不仅是生命的起源和地球演变的历史，还有地球上各种矿产资源的形成过程，专家、学者的研究成果震动了自然科学界，把中国的历史至少拉到了6亿年前。

1965年，国家组建昆阳磷矿。1978年，成立昆阳矿务局。1985年，昆阳矿务局下辖昆阳磷矿、海口磷矿、晋宁磷矿和矿山建设公司、矿

❶ 磷矿运输带“亚洲长龙”

❷ 矿山夜景

山机械重型汽车修配厂、矿山设计研究所、教育培训中心等单位，成为一个集开采、运输、销售于一体，融生产、建设、科研、设计、文教和社会工作为一炉的社会经济实体，企业遍布滇池西岸和南岸。1971 年，昆阳磷矿开通了铁路专用线。随后，海口磷矿、晋宁磷矿也有了自己的铁路专用线。1991 年，昆阳矿务局更名为云南磷化学（集团）公司。2001 年，云南磷化学（集团）公司改制为云南磷化集团有限公司。

科研，一直是云南磷化集团有限公司及前身的生命力。早在“六五”“七五”时期，就承担了国家重点科技攻关项目《云

国家磷资源开发利用工程技术研究中心
National Engineering and Technology Center for the Development & Utilization of Phosphor Resources

2

南滇池地区磷资源的开发利用研究》《昆阳磷矿采空区复土植被实验研究》等，成果被业界采纳、吸收和推广。新世纪后，云南磷化集团有限公司组建了“云南省磷矿采选工程技术研究中心”“博士后工作站”和国内首家“国家磷资源开发利用工程技术研究中心”，磷矿选矿主要技术经济指标达到国内先进水平，为首届“全国矿产资源合理开发利用先进矿山企业”、首批“国家级矿产资源综合利用示范基地”。

绿化美化矿山，还矿山绿水青山，是历任矿领导不曾懈怠的工作。至2017年，云南磷化集团有限公司已植树造林1.4万余亩，植草8000余亩，土地复垦植被率达到94%，矿区绿化率达80%，实现了雨水和污水分排，工业尾矿水零排放。在矿区建成了“震旦地质生态园”“森林湖生态园”“万亩基本农田改造示范工程”“采空区高陡边坡削坡工程”。这些园区和工程，无一不成为国家绿色矿山建设的示范工程。

“蓝天、碧水、绿色、宁静、洁净”，充斥着拥有磷都美誉的晋宁的每一寸时空，成为传扬晋宁形象的一张张名片。进入21世纪后，晋宁先后获得“最美中国旅游目的地城市”“百佳深呼吸小城”“中国最美丽县城”“中国避暑休闲十佳县”称号。

梅树村剖面

抬头，从昆阳街道梅树村西头向东望去，一个披绿的山包在一片片光秃秃、灰白灰白的山峦中鹤立，像一位在舞台中不断地舞动着绿色裙装的少女。这个小山包，名叫小歪头山。在小歪头山附近，埋藏着一条以它为中心，向东至圆山顶，向西至八道湾，约长2000米，岩层厚度为650米的震旦系—寒武系界线的层型剖面。因为圆山顶、小歪头山、八道湾置于梅树村地界，故得名梅树村剖面。

❶ 矿山复垦植被区

❷ 国家磷资源开发利用工程技术研究中心

梅树村剖面标志

梅树村剖面，保存着低级的菌藻类植物化石、地球上最早的带壳或带骨骼的生物遗体化石，因其门类繁多故又被称为多门类小壳化石。不少化石虽不及芝麻粒般大小，可形态各异，栩栩如生，数量之多，分布之广，世界罕见。

俯下身躯，细看岩面，满是古生物留下的痕迹。这些痕迹，几乎遍布了圆山顶、小歪头山和八道湾。最负盛名的是小歪头山，古生物留下的痕迹遍及其上部 330 米地层中的每一层。

仔细观察这些生物化石，有的是低级生物爬行时，留下单调、清晰的沟痕；有的是节肢动物爬行时，留下腹部带槽脊的遗迹；有的是古生物钻透泥沙留下的虫孔；有的是更高级的动物，在泥沙中爬行前进时，留下带横纹的宽大爬迹……这些化石让我们看到了这里曾经是一个鲜活且热闹非凡，诸种生物并存的和谐世界。

梅树村剖面，是伴随着昆阳磷矿的发现而发现的。它的发现，倾注了不少科学家的智慧和心血。

卢衍豪，中国科学院学部委员（院士），微体古生物学研究的先驱。1940 年，任教西南联大，深入昆阳

磷矿一带从事地质科研，发表了《云南昆明附近下寒武纪之地层及三叶虫》一文。此文的观点，至今仍为中国早寒武纪地层的分层标准。

王曰伦，中国科学院学部委员（院士）。1929 年至 1940 年，在西南地区研究寒武纪及志留纪地质。1941 年，深入昆阳磷矿一带从事地质调查研究，硕果令人望其项背。

钱逸，1970 年至 1990 年期间潜心研究梅树村剖面，其成果：《中国云南早寒武世梅树村阶古生物学与生物地层学》《中国早寒武世小壳化石兼论前寒武系与寒武系界线》获得 1992 年中国科学院自然科学一等奖。1977 年，他根据研究所得，向我国地质界提出命名“梅树村阶”设想。此设想，经罗惠磷广泛、深入研究和严密的推理论证，于 1980 年得以厘定。从此，“梅树村阶”成为我国早寒武年代的地层单位。

1977 年 11 月，云南省地质科研所“震旦系—寒武系专题研究组”，根据国家地质总局下达的“川滇地区震旦系—寒武系界线和震旦亚界的划分对比”科研课题精神，对小歪头山至八道湾地段的剖面运用岩石地层学、生物地层学、同位素年龄、磁

性地层学等学科知识进行综合性深入研究，取得了不少成果：这是一条构造单一、标志层清楚、生物化石丰富、裸露较好的剖面；震旦系—寒武系界线可下移至距下磷矿层底板 7.4 米处的白云岩中；小阿贝得虫，为我国已知的最古老的三叶虫等。

1984 年 6 月，我国地质学家，根据中国科学院“继续研究前寒武系—寒武系界线层型候选剖面”的通知，将历年来对梅树村剖面的研究成果，进行整理、汇编，出版了《中国云南晋宁梅树村震旦—寒武系界线剖面》（中英文）一书，向全世界公开发行。

国内的研究成果，引起了国际地科联的广泛关注，世界知名学者纷纷前来参观、考察和研究梅树村剖面。

1978 年 9 月 20 日，加拿大地质调查所爱根博士、霍夫曼博士，到梅树村对剖面进行考察。1978 年 10 月至 11 月，J.W. 考依博士率“前寒武系—寒武系界线工作组代表团”访华。成员为来自美国、英国、苏联、瑞士、西德、加拿大等国的国际著名地质学家，他们访问了我国湖北宜昌、四川峨眉、云南晋宁等地区的震旦系—寒武系界线剖面，并选定了这三个地区的五条剖面，作为全球前寒

遗迹化石

武系—寒武系界线层型剖面和层型点的工作参考剖面和参考点。1979 年 6 月 8 日，澳大利亚代里博士到梅树村剖面考察和收集标本。同年 6 月 29 日、10 月 28 日，美国夏威夷大学范宝峰博士、加利福尼亚大学阿洛米克博士远涉重洋，参观、考察梅树村剖面，并采集标本。

1981 年 10 月 9 日，美国加利福尼亚大学 J.C. 劳威尔博士及夫人，莅临梅树村剖面，对梅树村剖面进行了全面、详细的考察。1982 年 11 月 3 日，以工作组主席 J.W. 考依博士和 29 号项目负责人 T.G.C.P 为首，由英国、美国、法国、丹麦、西德、印度等国组成的国际前寒武系—寒武系界线代表团一行 13 人，第二次访华。其目的：对 1978 年访华时选定的五条全球界线层型工作参考剖面和参考点，再次进行野外考察，从中评选出一条中国的全球前寒武系—寒武系界线层型候选剖面。为此，J.W. 考依博士在昆明主持召开了“国际前寒武系—寒武系界线问题讨论会”。会上，与会中外代表一致同意推选云南晋宁梅树村剖面为全球前寒武系—寒武系界线层型和界线点中国候选剖面。

1982 年 11 月 20 日，第五届国际磷块岩讨论会代表国：英国、美国、苏联、法国、西德、巴西、澳大利亚、尼泊尔、泰国、印度、赞比亚、伊朗、加拿大等 13 国 43 名代表，亲临梅树村剖面，对其踏勘和实测。

1983 年 5 月，国际地科联在英国布里斯托尔召开“国际前寒武系—寒武系界线工作组”全体会议。会议上，梅树村剖面获总分第一，被列为全球三条候选剖面之一。

1984 年 1 月，国际地科联界线工作组，以通信的方式表决，中国云南梅树村剖面以超过三分之二的票数顺利通过，以全球唯一的前寒武系—寒武系界线层型剖面的身份，报国际地层委员会待批。

三叶虫化石

1984 年 7 月 7 日，美国加州石油地质团道劳茨教授等 23

人，在考察了梅树村剖面现场之后，进行学术交流。这是首次国际组织就“前寒武系—寒武系”的相关问题及研究成果，以国际性学术交流的方式在华夏大地上的展示。此举，掀起了国际科研组织和学术团体对梅树村候选剖面，进行考察、研究的第二个高潮。

1984 年 8 月 4 日，第二十七届国际地质大会在莫斯科召开。在这次大会上，梅树村剖面被国际地科联、国际地质对比计划 29 号项目、前寒武系—寒武系界线工作组，作为唯一的全球前寒武系—寒武系界线层型剖面，向国际地层委员会推荐。年末，国际地质科学联合会正式将梅树村剖面定为全球唯一的前寒武（震旦）系—寒武系界线层型剖面，在小歪头山下段埋设了“金钉”装置，把它作为世界的地质自然文物，永久性保存。

为尊重世界范围内的地学研究传统和中国的地层规范，王曰伦将“用震旦系之‘震’字，在汉语拼音中的第一个字母‘Z’，代替了旧时笼统的震旦系概念‘Sn’；将北方震旦系三分，并予以 Z1、Z2、Z3 符号表示，南方震旦系二分，暂用 Za、Zb 的临时性符号表示”的设想，提交中国地层学会。这个设想，在中国第一届全国地层会议上获得通过。

今天，走在小歪头山绿草如茵的峡谷里，仰望震旦系—寒武

夕阳恐龙化石发掘现场

系界线层型剖面，映入眼帘的是附注在剖面上的“Zly2”“Z2y4 ”“E1y2”“—A—”“1—0”“1”等字母、横线和数字。从这些字母、横线和数字下面的岩石中，被揭露出来的那个世界，我们知道了：这，不是一般意义上的英文字母、横线和数字，是一些被赋予了具体含义的地层标识，是一株株用科学巨擘、文化精英的智慧和汗水浇灌出来的山茶花。

夕阳古生物化石保护区

夕阳，是一个地方，一片景，一座盛产文化的天堂。她让到过的人无限眷恋，耳闻后的人油然向往。1987 年，昆明市人民政府依法将它列为“夕阳古生物化石保护区”。“夕阳古生物化石保护碑”，就立在夕阳彝族乡人民政府东面 1 公里的山坡上。

经过专家、学者的努力，夕阳彝族乡共发现恐龙遗骸化石 43 个点，脚印化石 633 个，发掘清理恐龙遗骸化石 13 具。这些骨骼化石、迹印化石，成像清晰，保存完好，密集程度在国内外尚属罕见，十分弥足珍贵。木杵榔出土的“中国双脊龙”化石，头、颈、身、尾齐全，为中国乃至亚洲大陆首次发现的世界级恐龙化石珍品。双脊龙化石，此前仅见于美国亚利桑那州。“中国

双脊龙”的出土，对研究恐龙的起源和大陆板块漂移科研价值重大。

夕阳，是一座出土童话故事的富矿。

1974 年，晋宁县第二中学老师李汝昌，听夕阳人说：夕阳公社的小河坝、小夕阳村等地有“金鸡爪印”“仙人脚迹”。本来对夕阳这片红土高原上少见的、被风化的紫褐色砂岩和石灰岩世界，就充满着好奇和敬畏的李老师，消息让他忘记了疲劳，忘记了休息，忘记了白天和黑夜。他多次实地考证，在确证“金鸡爪印”“仙人脚迹”就是恐龙脚印化石，小河坝是“一群恐龙出没的地方”的同时，还在岩石夹片间发现了距今两亿年的中生代植物印痕化石。这些事实被他写成了一篇报道性短文，在《化石》杂志刊出。

1982 年全国文物普查。晋宁县文物普查工作者曹彦昭，重提李

汝昌老师发现夕阳恐龙脚印化石的事。从此，文物普查组，额外地承担了恐龙脚印化石的取证工作。其实，他们中没有一个人见过恐龙足迹化石，没有一个人听说过恐龙足迹化石能拓印和保存。使命感、责任心和工作经验，让他们创造性地用拓印碑文的工具和方法，把小河坝“妖精塘”岩面上的恐龙足迹化石拓印下来，附注了拓印的时间、地点、方位、调查人员、迹印大小、形状，最后用一个很大的问号，盖在“恐龙足迹”四个字之上。

同年 12 月，市文管会的胡绍锦、程明两位老师看到拓片，激动不已，要求亲自到实地调研。调研确认了小河坝的“金鸡爪印”“仙人脚迹”就是恐龙足迹。兴奋中的胡老师，以严谨的笔端，求实的态度，在《春城晚报》上报道了晋宁夕阳乡发现恐龙足迹的消息。次年，又见中国科学院学报《古脊椎动物与古人类》。夕阳恐龙足迹，在国内激起千层浪。

1983 年至 1984 年，董枝明、甄朔南、李建军、饶成刚等全国知名专家学者聚集夕阳。他们跋山涉水，全面系统考察了小夕阳后山、大夕阳、小河坝、大摆衣、木鲊等地，在这些地

❶ 人间天堂——夕阳彝族乡

❷ 夕阳恐龙足迹化石保护区

方共发现了 633 个恐龙迹印。1986 年 5 月，甄朔南、李建军、饶成刚、胡绍锦，在北京自然博物馆刊发表《云南晋宁夕阳的恐龙足迹》一文。文中阐明：夕阳恐龙足迹大体分为十四属十七种，其中有多个为新属新种。夕阳“金鸡爪印”“仙人脚迹”的真相大白天下。

1987 年，科技工作者在夕阳发掘恐龙化石。发掘现场，科技人员一边工作一边讲解，人们终于知道了：夕阳恐龙生存在侏罗纪时代，距今约为 1 亿 7000 万年；侏罗纪，天气已经不像三叠纪那样干燥了，雨水多了起来；远古时代的夕阳是个有湖泊，有沼泽，木贼、鳞木、封印木、蕨类等低等孢子植物生长茂盛的地方；恐龙体型大，最大者约有十四五头大象那么重，它走过或站立的地方，留下的足趾印痕，如果没被破坏，历经亿万年的石化，就是今天看到的恐龙足印化石。同年 12 月，昆明市人民政府依法将夕阳乡全境划定为“市级古生物化石保护区”。

其实，恐龙住过的地方，还是一座人间天堂。

傍晚，霞云，时而聚在一起，轻柔而均匀地铺在天上，像少女的纱巾一般风情万种；时而散去，自由组团，呈现云朵、云棉、云雾、云笋、云瀑……色似霞质如锦，像盛开的灵芝、雪莲，飞舞的雪花，圣洁的哈达，少女的衣裙，风中的火焰……时而螺云飞旋，彩云追日，红云锦绣，天映红了地，地染红了天。远远看来，孰天孰地，难解难分。这便是晚景中的“夕阳”。

美丽的晚霞，让夕阳人陶醉其中，引来八方宾客。主客在引经据典谈古话今赋诗作文中皆称这奇异景观为“夕阳晚霞”。看“夕阳晚霞”，一时风靡。

站在摩朵山巅，夕阳一览无余。

群山中，梯田成了这里的主宰，村子像散落在梯田世界里的一颗颗宝石。梯田依山赋形，大如广场，小如火塘，一层层，一片片。一座山从山颈到山脚，依次而下，另一座山也是如此。说完整了，是山山如此。

在同一个等高线上，梯田高埂光洁坚实，绵延如飘带，舒展如长河。那一丘丘大小不等的梯田，错落有序。有的弯，有的直，形态各异，变化万千。远远望去，山岭起伏，梯田千层万叠，如诗如画。

田因水秀，人因田实。每座梯田下的村庄，鸡犬相闻，男耕女织，击波嬉戏，稻香蛙鸣，山歌起伏。这是一种世外桃源，这种桃源饱含了山的文明，水的文明，田的文明，映出的是人向自然挑战的精神。这些文明和精神聚在一起构成了夕阳人大山一样的品质，长河一样的气势。

俯瞰的目光，一直能到千米以下的山底，一路都是反射的介质，梯田变成了一块块明镜。从山颈一块块地铺展下去，十块，百块，千块……最美妙的光辉绘成了最美妙的景象！流动的光波穿越了时空，变幻出春夏秋冬、蓝天白云、历史洪流……一个个故事从明镜中化出……

今天的夕阳恐龙化石，和由此延伸出的夕阳文明，已俨然为物质和精神的双重财富，是夕阳人民的，也是中国人民的，更是世界人民的。

“金鸡爪印”

滇国故土

晋宁是一块天赐的风水宝地，有山有湖，有河流，有田园。早在石器时代，处于人类幼年时期的先民就在这块土地上生息繁衍，尤其是到了新石器时代晚期，古人类在晋宁留下了大量的活动遗迹。

翻开晋宁的历史画卷，这里曾是古滇国的中心，都邑所在地，也是历代封建王朝在云南境内设郡置县较早的地方，建制沿革上经历了郡、州、府、县等系列变迁。

晋宁文脉旺盛。抗战时期，国内一批著名的艺术导师、学生曾在湖畔乡间从事战火中的教学活动，留下了一段温馨美好的回忆。

石器上的文化曙光

滇池南岸，仙鹤翔回的湖畔，晋宁的青山伸开臂膀，呈U字形从东、南、西3个方向将高原明珠滇池紧紧拥抱。这里，山水田园，宁静祥和，历史文化气息悠远浓厚。

这是一片古老的土地。早在石器时代，就有先民在晋宁这块土地活动，尤其是到了原始社会步入繁荣并向阶级社会过渡的新石器时代，古人在这里生活繁衍，迈着艰辛的步伐，从蒙昧走向文明，创造出了古朴的石器时代文化。虽然这一史前的文化在史书中没有具体明确的记载，只留存在早已埋入地下的破碎石制工具和陶片之上，但一经考古发现，弥足珍贵，让人看到人类发展史上那缕冲破蒙昧黑暗笼罩、激动人心的耀眼的文明曙光。

自20世纪50年代以来，考古工作者在晋宁境内通过田野调查和考古发掘，共发现新石器时代遗址10余处。这些遗址主要分布在滇池沿岸的平地、小山、坡地、石灰岩洞穴等

地层下，其中较为著名、出土新石器时代文化文物较多的遗址主要有：

石寨山新石器时代文化遗址。位于上蒜镇石寨村，为一个平地上隆起的形似鲸鱼的小山丘。1955 年 3 月，云南省博物馆对该遗址进行了局部发掘，出土磨制石器 6 件，其中有石斧、石锛、石镞、石锤，以及骨锥、蚌刀、陶纺轮等。陶器多为碎片，有泥质红陶、夹砂红陶和灰陶。泥质红陶较多，质地粗糙，器壁厚，火候

低，手制为主，器物底部有同心多层花纹。有的陶片上有稻粒黏附过的痕迹，器物为碗、盏盘等；夹砂红陶和夹砂灰陶有轮制和手制两种样式，质地较差，砂质中掺和有白色螺壳粉末，器物有盆、罐、圈足器等。经考证，其年代距今三千多年，为滇池区域新石器时代具有代表性的台地石器文物遗址。

小平山新石器时代文化遗址。位于上蒜镇滇池岸边牛恋村东 200 米处，面积约 5000 平方米。1982 年，文物普查发现，该遗址文化层除有大量螺壳堆积外，还出土了一些手制和轮制陶器，以手制泥质红陶为多，器底有划制均匀旋纹，质粗，火候低；轮制夹砂灰陶少，较红，陶质细。可辨器物有碗、盘，其他器物因破碎零散难以辨认。石器有残断穿孔石坠 1 件，此外还有蚌壳、炭屑、灰烬等物。专家断定，此遗址出土的器物与石寨山遗址出土的器物近似，应属滇池区域新石器时代文化类型。

❶ 滇池南岸魅力晋宁

❷ 石寨山考古发掘现场

梁王山新石器采集点。位于晋城镇新街滇池岸边梁王村北面 50 米山脚处。20 世纪 80 年代初，当地村民炸石采料建房，

❶ 金砂山考古发掘现场

❷ 出土陶水田池塘模型

在石灰岩浅洞石缝中发现3件磨制石斧，该文物上交县文管部门。其形制为：1号石斧长18厘米，口宽7厘米，弧形双面刃，圆柄稍扁，通体磨光，褐色石灰岩制成。2号石斧长10厘米，口宽7厘米，梯形柄，弧形双面刃，通体磨光，浅绿石灰岩制成。3号石斧长9厘米，口宽6厘米，圆柄稍扁，弧形双面刃，通体磨光，红褐色石灰岩制成。根据形制判断，为新石器时代遗物。

新石器时代作为考古学上的一个文化分期，始于七八千年前。那时，人类从原始社会中摸索走来，为生存发展，同天敌、自然作斗争，在漫长的岁月中学会了使用磨制加工的石器、制陶和纺纱，开始了定居生活，形成了初始的村落，社会呈现出走向文明的景象。晋宁境内分布有众多的新石器时代遗

址，磨洗这些从遗址中出土的文物，可以从中看到早期人类生活情形：茅屋、篝火、陶釜，男人手握刀斧劳作，女人牵拉纺纱轮捻线，找到并一睹先民们的初始家园，挖沟围村，分工明确，财产共有，集体大家庭。这是何等的古朴，何等的温馨！

历史不断向前发展，文化流淌在人们的血脉中。追本溯源，探索历史，了解文化，可以在晋宁找到祖先们早先建立的那个家。无论我们现在走得有多远，怀念故土，回顾家园，总忘不了、抹不掉历史深处那个若隐若现的古老家园。

贝丘中的史前密码

远古时期，在滇池南岸晋宁的湖滨大地上，先民们为适应自然环境的变化，漂泊游牧中找到了一片最适于生存的乐土。他们在这里搭建茅屋，种植水稻，从事狩猎和采集，尤其重要的是，靠山吃山，临水吃水，在滇池中采螺捞蚌，找到了当时

安江村民居

赖以生存的主要食物来源。他们生生不息，漫长的岁月过后，为后人留下了食余弃置的大量贝壳，这些贝壳堆积如山，沉埋地下，成为今天我们认识和了解那段遥远而缥缈的历史必须破解的密码。

晋宁在新石器时代是一片适于人类生活和居住的乐土。在上一次冰川消退及史前人类猎取的更新世大型动物灭绝以后，处于人类幼年时期的先民们的生存和发展面临着一场严峻的挑战，怎样才能获取生存必需的食物，这是一道攸关生死的难题。困难面前，古人没有畏缩，没有止步，依托大地母亲的恩赐，奋力前行。他们就地取材，运用原始简陋的石器、骨器、蚌刀等从事生产活动，学会了制陶、纺织，甚至发现了青铜的冶炼，在狩猎、采集的同时，发明了渔网，在海洋中、江河边、湖泊畔，找到新的、重要的食物来源——螺和蚌。

滇池是云贵高原上的一颗明珠，是大地母亲赐予人类的礼物。

在新石器时代那段特殊的自然历史时期，滇池及周边的自然环境相对优越。湖中鱼虾成群，螺蚌触手可得，周边群山茫茫苍苍，古树成林，是一个不可多得的世外桃源。得天独厚的自然环境，为先民们提供了一块理想的生活、居住之地。他们以茅屋或洞穴为家，以螺蚌为主要食物，日出而作，日落而息。时光荏苒，一晃千年。在炊烟升起的地方，日复一日，年复一年，食后丢弃的螺蚌之壳，日积月累，竟堆积得如山似丘。斗转星移，沧海桑田，往事越数千年。转眼之间，这一切便被不停前行的历史甩在后面，成为历史长河中河床下被泥沙掩埋的记忆。

晋宁境内滇池周边的贝丘遗址分布较为集中，也颇具特殊性和代表性。自 20 世纪 50 年代以来，考古工作者发现并发掘了 10 余处贝丘遗址，文化层中遗物较多的有如下几处。

大河村贝丘文化遗址。位于昆阳街道大河村与海埂村之间的“土堆”地带，西距大河村 500 米，北离滇池 1000 米，为一南北长 100 米、东西宽 60 米的狭长小丘。1982 年县文物普查调查时发现，该遗址断面结构层次清楚，文化层厚度达 2 米有余，内有大量螺壳堆积，螺壳保持原有白色，尾部有经人切开的小孔，此外，还有一些零碎的轮制灰褐色陶片夹杂其中。经专家考证，遗址为滇池区域新石器时代文化类型。

河泊所贝丘文化遗址。位于上蒜镇河泊所村西面，为一延伸至滇池的湖滨地段，东距石寨山 500 米，为一东西长 80 米、南北宽 30 米，面积 2400 平方米，文化层厚约 8 米、全为螺蛳壳堆积

1 安江村螺蛳壳墙
2 河泊所贝丘遗址断面

而形成的小山丘，当地群众称其为“螺蛳山”。1958年，云南省文物考古工作者发现该遗址，1982年和1986年，县文物工作人员两次做实地调查，发现“螺蛳山”已遭到当地群众取土建房破坏，仅存84平方米，文化层厚约1.9米，内有大量螺蛳壳堆积，螺壳呈白色，质厚，尾部有孔。除此以外，文化遗物有手制、轮制的泥质红陶、夹砂灰陶，夹砂红陶制成的碗、钵、罐、碟等器物。经专家鉴定，该遗址也属滇池区域新石器时代贝丘文化遗址。

小团山贝丘文化遗址。位于昆阳街道办渠西里村西50米处，北距滇池1500米，为一高5.3米，突起于四围稻田中的小山丘。1982年文物普查调查发现，该遗址南北长52米，面积4386平方米，文化层厚度55厘米至60厘米，灰土中夹杂着大量白色螺蛳壳，间有少量手制或轮制的泥质红陶及夹砂灰陶器物碎片。遗址虽经村民建房、耕地破坏，文化层存留消失，但在地表仍能捡到散落的螺壳和碎陶片。经考证，该遗址同属滇池区域新石器时代文化类型。

在人类经历原始社会漫漫长夜即将推开阶级社会大门的那段特殊历史时期，童年的人类活动大都散布于地球上沿海、内陆河流及湖泊沿岸。就云南境内而言，滇中、滇东北、滇西北、滇西、滇南

出土陶纺轮

等地皆发现有大量反映新石器时代文化的贝丘遗址，这些遗址以滇中的滇池周边区域最为密集和具有代表性。这种文化展现出史前人类在大自然变迁面前为生存和发展，将哺乳类、禽类、鱼类和贝类作为食物的主要来源，辅以稻类、野果等植物为补充，利用打磨过的燧石工具、粗陶制品、鱼骨、兽骨等原始的工具，选择适于生存发展的自然环境，过着建屋、建窑、立墓等社会生活。这一时期，最为显著的特征是鱼贝捕捞活动在当时的经济和社会生活中占有相当重要的地位。

在新石器时代文化遗址中，石器和贝类往往水乳交融般混合在一起，有贝丘就有石器，有石器必夹杂有贝类。研究、认识和了解这些文物，找到其准确的位置，确定贝类的种属以及石器的来历及演变，我们就能从中发现自然环境的变迁对人类发展造成的影响，进而了解到人类童年时的“老家”是什么样的，生存环境如何，启示我们从中获得有益的人与自然和谐相处的经验和教训。

滇池周边新石器时代留下的贝丘遗址是古人的家，这个家与自然环境密切相关，这个家的生活信息全都铭刻在贝壳和石器之上，长眠于泥沙之中。认识古人初始的家，便于我们今天建设更美好的新家。

晋宁是一片古老而年轻的土地。滇池南岸是晋宁区的所在地。古人在这里创造出了初始的石器文化和贝丘文化。历史川流不息，人生代代无穷已。同样是在这片热土上，今天的晋宁

滇池边村庄

正在努力营造一个面向南亚、东南亚，“一带一路”的重要节点，集国际康养旅游新区、古滇郑和文化名城、高原湖滨宜居新城为一体的新家园。

1

2

❶巨型油画《庄蹻入滇》

❷石寨山全景

古滇文化的惊世魅力

说起古滇文化，总让人想起坐落在滇池南岸的那个小山包——晋宁石寨山。

石寨山又名鲸鱼山，从滇池边向东看，北高南低，恰似一条奔向大海的鲸鱼。石寨山从山顶最高处到农田平面高为 33 米，南北长 500 米，东西最宽处 200 米。与周围不远处的小梁王山、左卫山、金砂山、孟获山等相比，石寨山很小，但就是这个不太起眼的小山包，曾出土了滇王金印，埋藏着一个遥远的王国，蕴藏着古滇文化的惊世魅力。

庄蹻入滇

地处西南边陲的云南，自古就与祖国各地存在着密切的经济文化联系，而与内地建立直接的政治联系却是从庄蹻入滇开始的。

司马迁在《史记·西南夷列传》中有这样一段文字：始楚威王时，使将军庄蹻将兵循江上，略巴、黔中以西。……蹻至滇池，方三百里，旁平地，肥饶千里，以兵威定属楚。欲归报，会秦夺楚巴、黔中郡，道塞不通，因还，以其众王滇。变服，从其俗，以长之。据《史记》等有关史料记载，楚怀王二十八年（前 301 年），楚国受到秦国军队的大举进攻，楚将唐昧战死，楚国灭亡在即。公元前 279 年，楚顷襄王派遣将领庄蹻率军沿沅水水路到达且兰（今贵阳以东），然后弃船登陆，以武力征服了当地的夜郎部落，又由夜郎向西，沿着大概今天贵州通往云南的道路到达滇池地区（今云南昆明以南、晋宁东北一带），试图包抄秦军，切断其后路，以实现夹击秦军之目的。

西周至西汉初年，滇池地区已经进入奴隶制时代，就在这个时代的中后期，产生了以滇池地区为中心的王国——滇国。

石寨山6号墓出土的“滇王之印”

庄蹻率部到达滇池地区时，滇池及其周围地区分布着“滇”“劳浸”“靡莫”等数十个部落，其中“滇”最大。这里土地肥沃，农业生产有一定的发展，这些部落早进入青铜时代。庄蹻平定滇池周围数千里之地，并且使它归属楚国之后，打算返回楚国报告，恰逢秦国攻打并夺取楚国的巫郡、黔中郡，庄蹻回楚的道路断绝不能通行。于是，庄蹻及所率士兵就留在滇池地区，他们改变服装，从其俗，融入滇国之中，成为滇王，以后世袭相传。滇国注重农、牧、渔、纺织，并经营采矿，使当地经济得到了发展。

在我国历史上，庄蹻是内地第一个开发西南边疆的伟大历史人物。庄蹻以一个部落成员的身份，融入当地的部落联盟之中，被推举为滇国的国王，定都晋宁（今晋宁区晋城镇一带），成为一位史书明确记载的有名有姓的古滇国国王。

多年来，考古学者在滇池地区的晋宁石寨山等地出土了大量青铜器，这些文物与楚地出土青铜器物的型制大体相同或相似，明显地带有楚文化的印记，这与庄蹻来自楚国的历史记载相吻合。庄蹻自楚至滇，其所率军队是当时楚国境内一支重要的军事力量。这支军队离开楚国后再也没有回去，从根本上动摇了楚国的立国之基，

石寨山出土的《铜编钟》。一套6件，形状纹饰相同，大小不一。断面作椭圆形，唇口齐平，器身上大下小，顶部均有环钮。上段两侧各铸有蜿蜒的龙形纹四条，左右对称。下段为绳纹两周，双旋纹一周。编钟大小依次递减，最大的高 40.3 厘米，最小的高 29 厘米

客观上起到了加快秦国统一天下步伐的作用。可以说，秦始皇统一六国的成功，庄蹻及其所率军队间接的有一份功劳。

《史记·西南夷列传》中的“索隐述赞”说：“西南外徼，庄蹻首通。”庄蹻对滇池地区乃至整个云南的开拓之功，不可磨灭。庄蹻入滇，拉开了外来强势文化开发云南的序幕，云南封闭状态被打破，云南各民族同中原地区的社会经济文化联系由此深入。庄蹻入滇前，滇国人祖祖辈辈在高原上生活，日出而作，日落而息，在封闭的生活圈子里一代又一代的繁衍着。他们不知道天外有天，山外有山，没有人想过要出去获取大山之外更为丰富的资源。如司马迁所说：“以道不通故，各自以为一州主，不知汉广大。”滇国人一方面在内部争斗中消耗着有限的资源，另一方面又处在自我满足的状态中。因此在数百年间，当地经济社会的发展十分缓慢。终于有一天，这一切都为来自楚国庄蹻的队伍所打破。庄蹻入滇，还把楚文化，包括楚所接受的中原文化带到了云南高原地区，推动了以滇池为中心的云南各地经济及文化的发展。同时，促进了各民族和部落之间的交流、来往和融合，加快了历史前进的步伐，为秦、汉

《三水鸟铜扣饰》高 11.5 厘米，宽 11 厘米，石寨山（M13：10）出土。三水鸟横排站立，正中一水鸟昂首、展翅欲飞，左、右两水鸟昂首侧立，中间水鸟的两足旁各有一鱼，鱼头向下，鱼尾向上，身躯弯曲作游动状。其下有一蛇盘绕，蛇头被水鸟践踏

时期封建王朝在西南地区设置郡县创造了条件，推动了中华民族建立统一的、多民族的国家进程。灿烂的古代“滇”文化，是中华民族辉煌文化的有机组成部分，而“滇”文化的最早渊源，应该从庄蹻入滇开始。庄蹻对云南地方古代历史的发展，具有积极的促进作用。

西汉攻占滇国设益州郡

据汉文献记载，在西汉汉武帝时期，张骞奉命出使西域，在大夏（今阿富汗）看到四川出产的邛竹杖和蜀布，张骞推测，有一条从中国西南到身毒（今印度），再到中亚的通道，于是，张骞建议汉武帝打通西南通往中亚的通道，不仅路途更近，而且可以避开通过羌人和匈奴地区的危险。武帝采纳了张骞的建议，并命他去犍为郡（今四川宜宾）亲自主持此事。为了打通这条后来被称为南方丝绸之路的古道，张骞于元狩元年（前 122 年）派王然于、柏始昌、吕越人等为使臣，顺利来到了滇池，并得到“滇人”首领的友好接待，然而，西汉使臣在继续西进的行程中，受到“昆明（今大理一带）人”的阻挡，于是无功而返。张骞打通西南通道的努力虽然没有达到预期的目的，但对后来西南的开发产生了积极影响。出使云南的使臣带着对滇池地区及滇人的极好印象回到长安，用夸耀的口吻向武帝汇报了滇池地区的富饶与美丽，越发引起武帝的兴趣，于是，武帝下决心开发“西南夷”。为了征服云南，特别是打败顽抗的昆明（今大理）人，武帝组织力量在长安挖掘昆明池，操练水军。杜甫《秋兴》诗“昆明池水汉时功，武帝旌旗在眼中”，大观楼长联中的“汉习楼船”，说的就是这件事。

《滇王玉衣饰片》59 厘米 ×74.5 厘米，石寨山出土。玉衣为浅绿色，分正方形、长方形、梯形、三角形等不同形状，四角均有穿孔，便于穿连。一般大小以 2~3 厘米者较多，厚 0.3 厘米。上述玉片磨制光滑。边沿又有穿孔，原来很可能为“玉衣”饰片，因穿索朽坏，仅存玉片

为了开发西南边疆，汉武帝派王然于来到滇国，劝说滇王入朝，但是，居于滇东北的劳浸、靡莫两个部落不肯听命。西汉元封二年（前 109 年），汉王朝发巴蜀兵数万人击败了劳浸、靡莫部落，“以兵临滇”，滇王降汉，“请置吏入朝”。汉王朝在滇王统治地区设置了益州郡，“赐滇王王印”，令滇王仍为“长帅”。此后，汉王朝又派郭昌率兵攻击曾阻拦汉使的昆明部落（居于滇西大理洱海东北），昆明部落归汉后，使之属益州郡管辖。汉武帝建立益州郡之前，分别在滇东和贵州西部，滇东北和川南，滇北地区和川西南建立了三个郡。益州郡及其他三个郡的建立，使今云南省的大部分地区置于郡县制统治之下，云南自此有了同全国统一的行政建制。从庄蹻入滇建国称王起，到滇王降汉建立益州郡这段时间里，滇王世袭相传，在滇统治了约二百年。

由于史籍记载滇国史事简略，没有世袭相传的滇王名字，因此，接受汉武帝所赐“滇王王印”究竟是谁不得而知。近几年来，有的学者认为，这颗“滇王王印”是赐给滇王尝羌的。《史记》中有这样一

段话："元狩元年（前 122 年），……天子乃令王然于等人使出西南夷指求身毒国，至滇，滇王尝羌乃留，为求道西十余辈。岁余，皆闭昆明，莫能通身毒国。"从这段记载中可以知道，元狩元年的滇王名字叫尝羌。汉武帝"赐滇王王印"的年代是元封二年（前 109 年），中间相隔 13 年。在这 13 年中，如果尝羌一直担任滇王，那么，这颗印就是赐给尝羌的了。

古滇国的管辖范围有多大？考古工作者研究认为，古滇国的地域大约东至今陆良，西南至今新平，西至今楚雄，东北至今曲靖这个范围以内。

关于滇国的都邑，《晋宁州志》的一篇序文中曾说，晋宁为"古滇都会"。清末经济特科"状元"石屏人袁嘉谷在他撰写的碑文《张溟洲先生祠堂记》中说："晋宁之地，楚庄蹻、汉尝羌、晋李毅、王逊诸贤之治所也。"庄蹻、尝羌都任过滇王，李毅、王逊曾任过西晋的宁州刺史。袁嘉谷在文中说的"治所"，就是当时的政权机构所在地。袁嘉谷的这段话表明，古滇国的都邑在晋宁。《华阳国志・南中志》说："汉武帝元封二年，叟反，遣将军郭昌讨平之，因开为郡，治滇池上，号曰益州。"又说："滇池县，郡治，故滇国也。"汉武帝设置的益州郡，下辖二十四个县，滇池县（今晋宁区晋城一带）是其中之一。《华阳国志》的记载说明，益州郡的治所设在滇池县。另外，现晋城镇上东街旧县署门前尚立有《汉益州郡滇池县治故址》碑一通，为 1922 年晋宁县知事袁丕镛及阖邑公民立，石屏袁嘉谷撰题，昆明著名书法家陈荣昌书写。袁嘉谷是云南石屏县人，1903 年应清末经济科式，名列第一，云南人称为"袁状元"。袁嘉谷学识渊博，尤擅长于云南地方史研究，著作甚丰。他既认为晋城镇即汉滇池县故址，并树碑于此，是经过反复研究论证的，其观点无疑是正确的。汉滇池县故址既已明确，即今晋宁区晋城镇，那么益州郡治所及滇国都城所在自然是在同一地方了。在大理国形成的 800 多年前，晋城是当时云南最繁盛的地区。

古滇国降汉之后，步入了郡县时期。其后，由于汉朝郡县制度的加强，滇王的权力受到削弱，不久，益州又发生了一件大事。公元前 86 年，汉武帝死后一年，即汉昭帝始元元年，居住在滇西的各少数民族部落约 3

万人起来反叛。本已平静的云南再度陷入一片战乱之中，汉王朝用了5年时间才镇压平定下来。在这次事件中，与滇西临近的滇人很可能受到波及。从此以后，滇王国及滇王的事迹在史籍中销声匿迹了。古滇国，这个曾经辉煌一时的政权，就这样在历史长河中悄然淡出了史学家的视线。

石寨山古墓群的发现及发掘

听当地老人讲，早在抗日战争时期，生活在石寨村及附近的村民，偶尔有人在山地里挖到锈迹斑斑的矛、剑等青铜器，但不知道有何用处，有的随便丢在门背后，有的拴上绳子让小孩拖着当玩具玩。捡到贝币的人就更多了，人们常常把亮铮铮的贝币拴在小孩的帽绳上当坠子。20世纪40年代初期，石寨村一户农民上山葬坟，挖墓穴时挖出了许多青铜器。他不知道这是文物，当作废铜拿到昆明的古董摊上出售，此消息在市井流传开来，出身晋宁的学者方树梅先生闻知此事，异常兴奋，多次向当时的省政府提出考古建议，但在那兵荒马乱的年代，政府哪有精力顾及此事，方树梅始终不能如愿。直到新中国成立后的1953年，一位古董商带着几件青铜器来到省博物馆，让馆里的专业人员帮看看是什么时代的文物，有无价值。经博物馆业务人员初步鉴定，这些青铜器不像是中原地区的商、周青铜器，尤其是那斑斓的铜绿锈色和具有浓郁地方特点及民族风格的装饰物，更是引起大家的特别注意。博物馆的工作人员一致认为，这批青铜器很可能是云南某一地方出土的，于是将这些青铜器买了下来，留着以后做进一步的研究。后来，他们多方打听，硬是没有找到确切的出土地点。过了一年多，有一次省博物馆的文物专家孙太初偶然和云南文史馆馆员方树梅谈到这件事，从而知道了新中国建立前晋宁就出过青铜器。据方树梅介绍，抗日战争时期，家乡晋宁滇池边的石寨山、小梁王山一带曾多次发现过青铜器，都被当地农民作为废铜卖掉了，他也没见过实物，他建议省博物馆派员到晋宁滇池边上的几个山丘和附近村子进行调查，肯定会有收获。1954年秋，省博物馆按照方树梅提供的线索，派工作人员

《战争场面贮贝器盖》盖径30厘米、高12厘米。石寨山出土。器身为一洗，下附三角架。器内贮贝，器身甚残。器盖上的人物，铸造精美，保存较好，其表现的是一场短兵相接的鏖战。在滇人主骑率领下，卒从徒步进攻，敌人顽强抵御，战斗十分激烈。这一贮贝器人物不多，布局紧凑。但在仅有的10多个人物的活动中，却表现出了一场绘声绘色、扣人心弦的战斗

前往晋宁调查，经过多方询问，居然找到了送青铜器到省博物馆鉴定的那位古董商，他说他卖给省博物馆的那批青铜器，出土地点就是滇池边上的石寨山。工作人员来到石寨山察看了地形，还在山下石寨村农民手中征集到几件青铜器和一件新石器时代的石铲。经过走访当地农民，他们了解到当年大批青铜器的出土情况。

于是，省博物馆的专家们盯上了晋宁，盯上了滇池边上那个不起眼的小山包——石寨山。

1955年3月，云南省博物馆决定在石寨山进行一次试掘，由孙太初、熊瑛、马荫何三人组成发掘队来到石寨山，其主要目的是搞清石寨山新石器时代遗址的范围和内涵，青铜时代墓葬的分布及结构情况，以及两者的关系。此次发掘历时21天，确认了石寨山是一处新石器时代的贝丘遗址和青铜时代的墓葬群。

这次试掘了石寨山M1、M2两座墓葬，出土青铜器100余件，出土的铜鼓和两件铸有纺织与祭柱场面的贮贝器，形象、逼真地再现了滇池区域古代社会生活的一个侧面。这次发掘，出土的文物引起了社会各方面的重视。当时正值中国科学院院

长郭沫若和文化部副部长兼文物局局长郑振铎来昆明，看了石寨山出土的精彩青铜器，非常惊叹，把它称为具有国际意义的重大发现。

第一次发掘获得成功，得到了各方面的关心和支持，在总结经验的基础上，于1956年11月至1957年1月，省博物馆组织力量在石寨山墓地进行第二次更大规模的发掘。这次发掘清理墓葬从第一次的2座增加到20座（即石寨山M3—M22），出土各种文物近4000件。在第6号墓发现了大量的滇国重器青铜贮贝器以及编钟、铜俑、金剑鞘、黄金珠、玛瑙等物。这些器物显示了墓主人生前非同凡响的显赫地位。当清理至墓底时，一枚金光闪闪的金印突然跃入考古工作者的眼中，上面清晰地用篆书白文刻着 “滇王之印”四个字，通体完好，使萦绕在考古、历史工作者脑海中关于这批器物主人的归属明确起来。

1958年冬季又在石寨山进行了第三次发掘，发掘面积约200平方米，共清理墓葬12座（即石寨山M23—M34），出土文物400余件，这次发掘出土的文物主要集中在23号墓。1960年4月进行第四次发掘。这次发掘的墓葬在石寨山的最东边，全部被压在晚期建筑的土城墙下，有少数甚至超出土墙之外。第四次发掘共清理墓葬16座（即石寨山M35—M50）出土文物228件。

1955年至1960年，考古工作者在石寨山进行了4次发掘，清理了战国至汉代的古墓50座，出土文物4000余件，多数是青铜生产工具、生活用具和兵器等。在这些出土的青铜器上，雕刻和铸有许多图像，其中的杀人祭祀、战争、纺织、纳贡、运粮上仓等场面，反映了处于奴隶社会的滇人物质和精神生活的种种现象。石寨山文化所表现的主要对象就是滇国的文化。从出土器物图像上显示的奴隶主与奴隶之间压迫和被压迫的关系表明，古滇国的社会制度是奴隶制社会。第二次发掘出土的金质“滇王之印”，重90克，印面呈正方形，上有四个标准的汉篆——“滇王之印”，印面边长2.4厘米，通高2厘米；印的背上盘绕着一条蛇，背有鳞纹，蛇身盘血，蛇头高昂，回首逼视，两眼熠熠放光，光彩夺目。虽说这枚金印的体积不过方寸，然而作为滇国历史的见证，它的重量赛千斤。“滇王之印”的出土，既证明了云南古代历史，也证明了中国古代历史，不但确证了“古滇国”的存在，同时也证明了《史记》文献记载的可靠。从此，沉埋了2000多年的古滇王国终于揭开了它神秘的面纱。在考古学上，像这样出土文物与历史文献相一致的情况并不多见。这也是为什么“滇王之印”会由国家征调并藏于中国国家博物馆的原因之一。

1965年，石寨山墓地由云南省政府公布为第一批全省文物保护单位。

20世纪90年代中期，社会上盗墓之风日甚，石寨山墓地也曾几次被盗掘。为了抢救和保护祖国古文化遗产，1996年5月至6月，云南省文物考古研究所、昆明市文物管理委员会及晋宁县文管所组成联合考古队，由蒋志龙任领队，先在石寨山墓地经详细的考古勘察，然后对勘察范围内的墓葬进行抢救性发掘。第五次发掘点大致选在石寨山墓地的东南至正南边，紧接第二次发掘的南部。这次发掘共清理墓葬36座（即石寨山M51—M86），出土各种随葬品500余件（不包括大量玉石、玛瑙及金制珠饰）。

石寨山是东南亚和世界文明史上具有代表性的一处青铜文化遗存，这里出土的青铜器代表了云南和东南亚青铜文化发展的高峰，曾和安阳殷墟、陕西秦俑一起被誉为中国“三大出土奇迹”。2001年国务院将石寨山古墓群公布为全国重点文物保护单位。2006年被列为全国一百个大遗址保护名录。石寨山出土器物分别藏于国家博物馆、大英博物馆、上海历史博物馆、云南省博物馆和昆明市博物馆等地。石寨山古墓群出土器物为研究滇池地区的古代民族史、冶炼技术和宗教习俗等提供了极为珍贵的实物资料，有着极高的科学、历史和艺术价值。多少年来，不仅有国内众多历史、考古、民族学者前往石寨山考察，而且美、英、法、德、意、日、泰、马来西亚诸国的考古学家、旅游者也都慕名到这里观光。晋宁石寨山的出土文物还东渡日本，西航瑞士、德国、意大利、奥地利展览，受到这些国家观众的赞誉。这些可与中原商周青铜文化媲美，被国际文博界誉为“独步世界的收藏”的文物，勾勒出足以令彩云之南骄傲的消失了2000多年的古滇王国与滇文化轮廓，显现了云南古代史上一个最灿烂的时代。

《鎏金骑士贮贝器》通高50厘米、盖径25厘米，石寨山出土。器身作圆桶形，上大下小，中束腰。腰部有对称的虎耳一对，虎作攀登状，平底三足。器盖上铸有四牛，中央为一鎏金骑士。骑士挽髻于顶，短袖窄裤，左佩短剑。骏马昂首伫立，长尾曲垂。四牛双角卷曲，颈肌丰满，造型生动

以铜铸史　以形记事

我国中原地区出土的古代青铜器，大多铸有铭文，以文字形式为后世留下史事。然而，晋宁石寨山出土的古滇青铜器，至今尚未发现任何记事的铭文，但它仍然给我们留下了一部宝贵的古滇历史。

云南的青铜器时代没有文字，了解与研究古滇历史，人们就仅凭借着司马迁于元鼎五年（前112年）在《史记·西南夷列传》中短短几百个字的文字记载。但是自1953年以来，考古工作者在滇池区域发掘了数百座古滇墓葬后，才使长期以来一直鲜为人知的古滇国文明历史，展现在了世人的面前。因为在这些墓葬的随葬品中，青铜制品的比例之大，数量之多，种类之全，制作工艺之精美，为全国独有。特别是晋宁石寨山

的五次发掘，出土了以青铜制品为主的各类农具、兵器、贮贝器、舞俑、扣饰等，这些精美绝伦、举世无双的古滇青铜器，证实了滇人早在春秋战国时期就广泛使用着铜制的兵器、生产工具、生活用具、祭祀娱乐乐器及装饰用品了。古滇国的艺术家们擅长捕捉瞬间即逝的生动情节，表现自然规律及人与自然的种种关系。古滇青铜器以丰富的人物形象和具体的社会生活场景描述出一幅幅令人叫绝的画面：农耕、纺织、捕鱼、狩猎、祭祀、庆典、歌舞、会盟、征赋纳贡、集市贸易，乃至野合交欢、杀人祭柱等，一切古滇时代人民的社会生活、风俗习惯、阶层等级、礼仪服饰、器皿什物、社交方式及思想情态，无不通过精美青铜铸造工艺栩栩如生地展现出来。这些古滇青铜器，不仅展示出古代滇池地区少数民族匠人精湛的技艺，还是一部用形象表述的古滇历史。

古滇国的青铜器在当时无疑具有世界水平，它是一部无字而形象的史书，透过当代人的眼光，从中读出不同的内容。

——滇国的农业、牧业。《史记·西南夷列传》记载："蹻至滇池，地方三百里，旁平地肥饶数千里。"土地的贫瘠与肥饶，当然是针对农田来说的，说明当时滇池区域及附近地区的大面积土地多被开发和利用，所以才有"旁平地肥饶数千里"之说。生产工具是衡量社会生产力发展水平的尺度，在石寨山发掘的大、中型墓葬中，都有数量不等的青铜农具出土，其中铜锄和铜斧较多。滇池地区土质坚硬，起土和翻土的农具主要是铜锄，因此石寨山出土的铜锄较多，其他还有铜铲、铜镰、铜爪镰等，这些青铜农具，其工艺水平和实用性，令人叹为观止。铜锄还因用途不同，有尖叶形铜锄、三角形铜锄和梯形铜锄等多种类型。由此可知，世界上没有一个地区像古滇国的人们这样如此广泛地在生产中使用青铜农具，也没有哪个地区像古滇国人这样在青铜农具上雕铸如此精美的图案。能在生产工具上注入丰富文化内涵的民族，一定是优秀的民族。就是在数千年后的今天，这些生产工具与滇池地区传统农业的生产工具相比，也毫不逊色。

从滇国青铜器的图像看，滇国时期有大量的牲畜。当时滇池区域的家畜、家禽品种主要有牛、马、羊（绵羊和山羊）、猪、狗和鸡、鸭等。也有部分原本是野生动物，后来被滇国居民驯养了，如孔雀、兔、鹿、鹦鹉等。因为在青铜器图像中，这些动物多出现在人物活动场所和居住场所，似乎对人并不陌生。

在青铜器上出现的家畜中，牛的图像最多，如剽牛祭祀扣饰、斗牛扣饰、牧牛图像以及从一牛到八牛不等的贮贝器盖饰等，牛的数量约占全部动物数量的30%。

滇国大牲畜中马的数量也多。从石寨山出土的青铜器图像看，滇国的马有大、小两种。大型马的体型较大，身躯及四肢较长，鬃毛长长地垂于额前及颈项，尾卷曲后扬，看上去十分健壮有力。如石寨山出土贮贝器盖上的骑士，纳贡贮贝器盖上的牵马入贡者，骑士猎鹿扣饰上的骑马者等。大型马可能来自我国西北地区的游牧民族，滇国多用于战争或狩猎。小型马体小而雄骏，如石寨山铜鼓刻纹中的骑马出行者，祭祀贮贝器盖上的骑马开道者等。小型马属本地所产，多供出行代步，直到现在滇池地区还有这种脚力好、善爬山、能吃苦的小型马。

滇国牲畜中羊和猪的数量也不少。石寨山出土的一件贮贝器盖上刻有牧羊图像，两人共牧羊17只，其中绵羊10只，山羊7只；掳掠扣饰上有绵羊和山羊各一只。猪有家猪和野猪之分。石寨山贮贝器盖上刻有牧猪图像，显然是家猪；骑士猎猪扣饰上被猎的猪，从其较大的身躯及凶猛程度看，肯定是野猪。

——滇国的铸造业。随着滇池地区农、牧业生产的进一步发展，以盛产各种金属著称的滇国冶金业也更加繁荣起来。当时滇国生产的青铜器，让考古学家大开了眼界，可以和世界上任何一种青铜文化媲美，这是国内外学术界公认的。当时的古滇国人能采用单浇铸、空腹浇铸、夯筑浇铸、套浇铸等方法，制造用途多样的生产生活用具和工艺美术品，并使用锻造、模压、镂空、鎏金、镀锡等后期加工技术，使青铜器更具实用性和更精美。他们采用的合金成分多达6种以上。除了人们熟悉的铜、锡、铅、铁外，还有镍、硅等。滇国的人们根据自己对青铜器性能和用途的设计要求，调整合金成分，改变合金比例，便可使之或提高硬度，或增强韧性，满足了生产及生活的需要。有关专家对石寨山部分青铜器的金属成分作过分析，青铜剑含锡最高，占 20% 左右，符合硬度要求；铜鼓含锡量为 15% 左右，既有一定强度，使其音域宽广，并有相对韧性，在反复打击中不致破损；铜镯的含锡量最少，仅占 6%，更富有韧性，便于弯曲。滇国人巧妙利用合金比例，还可改变铜器的颜色，或乌黑发亮，或洁白生光，从而满足人们的审美情趣。这大概就是现在云南的斑铜、乌铜、乌铜走银、乌铜走金等技术的历史源头。

古滇青铜器是一部用铜雕铸的文化艺术志，它记录着古滇国文化艺术的繁荣，记录着古滇国的人们那色彩斑斓、独具匠心的文化创造；它使古滇国在世界文明史上独树一帜；它使古滇国率先发展水稻耕作，推动云南开创山地稻作文明奇迹；它使古滇国拥有“五金宝货”，发展双向商贸，

为中国开辟了一条独具特色的对外商贸通道。

——滇国的野生动物。石寨山出土的青铜器，展现野生动物较多的是“扣饰”和“贮贝器”。扣饰是古滇人用于固定腰带的扣子，类似于今天我们常用的金属皮带扣。我国古代的衣服没有纽扣，古滇人多用布带或丝带束腰，于是就有了连接、固定和调节腰带的扣饰。贮贝器是滇国特有的青铜器，古滇人用于交换的货币是贝壳，贮贝器主要用来盛装贝壳，同时还具有较高的艺术审美价值，尤其是贮贝器的器盖上，采用了分别铸造后再焊接的技法，装饰了许多立体雕像，具有浓郁的地方特色和民族风格，其艺术价值远远超过了它的实用价值。从扣饰和贮贝器的图像所表现的野生动物看，古代滇池地区气候温

和，山峰瑰丽，森林茂密，溪流潺潺，湖水清冽，野兽成群，风景绝妙。

“三水鸟铜扣饰”是石寨山出土的青铜扣饰中比较精彩的艺术珍品之一。水鸟是滇池上常见的一种专吃小鱼的鸟类，后经人工驯化之后成为代人捕鱼的工具。三水鸟青铜扣饰从造型来看，自然、优美、富有强烈的生活气息。三只水鸟横排站立，正中一只水鸟昂首挺胸、展翅欲飞，左、右两只水鸟昂首侧立。中间那只水鸟的两足旁各有一条鱼，鱼头向下，鱼尾向上，鱼的身躯弯曲作游动状。其下有一蛇盘绕，蛇头被水鸟践踏，蛇

吃力地向上抬头，水鸟毫不费力的将其踩住……你看，站立的三只水鸟洋洋得意、扭动的蛇垂死挣扎、游动的鱼伺机逃跑，水鸟们趾高气扬，全然不管蛇在挣扎。整个图像虚实相间，动静相成，栩栩如生，将两千多年前滇池地区活灵活现的那一幕展示在我们眼前。“四虎噬牛扣饰”，一虎被牛角刺入腹部，呈倒伏状；一虎钻入牛腹下，咬住牛腿；一虎跃上牛背，大张血口，撕咬牛身；小虎也趁势帮忙，跃踞牛后胯下，两爪紧抓牛尾，这一掠杀与反掠杀的场面惊心动魄。“二狼噬鹿青铜扣饰”，两只饿狼向鹿发起攻击，一狼跃上鹿背，一口咬住鹿耳，往后用力，呈拖拽状；一狼则窜于鹿下撕咬鹿后腿。此外，还有二豹噬猪青铜扣饰、三狼噬羊青铜扣饰等。

“鎏金骑士贮贝器”是典型的束腰圆筒形贮贝器，被誉为世界少有的青铜艺术珍品。这件器物腰部两侧各饰一虎形耳，虎作向上攀爬状，俯身弓背，张口欲扑，异常逼真、生动，上面的牛群正是它们的猎物。器盖上的装饰较为复杂，又可分为两层：外层雕铸呈逆时针方向排列的公牛 4 头，牛角长而弯，显得膘肥体壮。这 4 头牛好像发现了致命的危险，牛首微侧，身体后倾，作蓄势待发状。里层一圆柱物之上，有一骑马的骑士，马昂首，翘尾，这骑士无疑是牛群的守卫者，他静坐马背，腰佩短剑，身体前倾，精力集中，做好纵

七彩云南·古滇王国文化旅游名城游客服务中心

马疾驰、与虎厮杀的准备。骑士全身鎏金，显得格外醒目、耀眼。在区区 25.3 厘米的直径范围内，4 头逆时针环绕而行的壮牛显然代表墓主人生前拥有财富的情况。而中间处于居高临下位置的鎏金佩剑的骑马者，则代表墓主人生前除了拥有大量财富外，还拥有极高的权力，其身份与地位非同一般，是王族成员，或是奴隶主贵族。贮贝器上的雕像既有人物，也有动物，动静结合，错落有致，雕琢细腻，形象生动，极富艺术想象力，有如一部缩影的滇国人文历史和自然历史。该贮贝器造型之生动、艺术之精湛，世人称奇，20 世纪 80 年代在日本、瑞士、奥地利、意大利等国展出，受到各国专家的高度评价。虎牛搏斗贮贝器，腰部两侧有对称的虎形耳，平底，底部有三只兽爪形足。盖上铸有立体动物图像，为二牛一虎搏斗场面。一虎在中间，两旁各有一牛，鼓目扬尾作奔跑搏斗状，虎的后腿被牛角戳伤，受伤之虎张口、鼓目、拼力拼搏。器盖中央有一棵树，树上有两个猴两只鸟，因虎牛搏斗，猴和鸟都表现出惊恐不安的状态。

——滇国的狩猎业。滇国时滇池地区环境比较适宜各种野生动物的生长、栖息，野生动物较多，滇国人的狩猎产品成为仅次于农业和畜牧业的重要生活资料来源。从出土的青铜器图像看，当时被猎获的野生动物有虎、豹、熊、狼、狐、兔、野猪、鹿、猴、孔雀、雉、穿山甲等。狩猎方法有集体围捕、骑马追逐、徒步猎鹿等。石寨山出土的八人二犬共猎一虎青铜扣饰，六人执长矛猛刺虎身，二人已被老虎咬伤倒地，二猎犬跃踞虎背，一口咬住虎的肩部，虎虽倒地待毙，仍张口怒目咆哮，作挣扎欲脱状。捕猎虎、豹是件十分危险的事情，但老虎（特别是活虎）是滇国对外贸易的重要商品，有很高的经济价值，以致猎手们冒着生命危险围捕虎、豹。石寨山出土的骑士猎猪青铜扣饰，一野猪在马前奔跑，双耳竖直，眼睛鼓圆，张口嘶叫，奋力追捕的骑士的马前蹄已踩到野猪的后腿，骑士左手控制缰绳，右手握矛作下刺状，野猪将要成为猎物。徒步猎鹿方法是猎手或骑士先将鹿追得疲惫不堪，然后将其猎获。石寨山出土的徒步猎鹿铜扣饰，猎手一手抓住鹿的肩部，一手执斧砍向鹿头，鹿的两只前腿腾空，后胯蹲地，仰头张口嘶叫。

以铜铸史，以形记事，有着太多的图像和话题，这里就不一一赘述。

金色码头

古滇文化今日掀盖头

早在二十年前，云南日报一位记者就在报上发问：古滇文化何日掀起盖头？他说："在滇池边成长起来的古滇文化，虽然震动了学术界，却打不动游客的心。" 为了让神秘的古滇文化既能震动学术界又能打动游客的心，2012 年 4 月 27 日，九届省委第十二次常委会议提出要重点建设古滇文化旅游名城项目。经省、市有关部门和项目建设方多次踏勘和论证，古滇项目文化旅游板块计划投资 240 亿元，选址呈贡与晋宁交界处的长腰山、马鞍山、红山、海宝山片区，主要依托古滇国这一重要的文化支撑要素，打造集文化旅游、民族风情、生态旅游、休闲度假、养老养生、科考探险、文化演艺等为一体的全国知名历史文化旅游综合体。

距今 2000 多年的古滇国，兴起于滇池之滨，鼎盛于战国至西汉时代。由于它的神秘消失，加之偏居西南边陲，远离中原文化视野，被长期掩埋在历史的尘埃之中，留下了一分缺憾。如何让地下那个神秘而离奇的滇王国走出来，使隐性文化显性化，再现昔日辉煌？肩负云南旅游转型升级的古滇文化旅游名城项目，正好弥补了这一缺憾。

灿烂辉煌的古滇历史文明及青铜艺术文化，为云南“传承创新，推动文化大发展大繁荣”的区域性特色文化产业建设提供了新方向。按照总体规划，古滇文化旅游名城项目由47个子项目构成，分三期进行建设。一期建设古滇博物院、古滇大剧院、湿地公园、滇海古渡大码头等公益性、半公益性项目；二期建设古滇民族部落、休闲商业街区、中央湖景公园、修缮国立艺专等民族文化旅游项目，以及旅游民族部落、部分配套商住项目、基础设施项目等；三期建设新昆明南城商业中心，全面完成古滇文化旅游名城项目内“四纵四横”道路、基础设施、各项公共配套等。项目以红山为中心，打造十字形的古滇文化旅游核心轴线。南北向的古滇博物院，环山而建的滇王林苑，形成古滇文化展示和体验中心，古滇博物馆、青铜艺术展览馆、梦回古滇4D特效影院等，通过古滇建筑艺术再现、青铜文化展览复原、现代4D故事创新，演绎2000年前古滇灿烂历史文化。

文物作为历史和文明的载体，积淀着一个民族的文化底蕴，承载着人们的精神追求。坐落在红山山顶的古滇博物院，就是通过各种手段展示古滇文物的集中地，是古滇文化旅游名城项目的核心与标志。这里的每一个细节，无不展示古滇特有的文化元素。入口处，庄蹻像英姿飒爽、金戈铁马，具有王者风范；踏上300多级气势恢宏的古滇王城台阶，拾级而上，与滇国武士像擦肩而过，给人一种壁垒森严的感觉；进入古滇博物院，那琳琅满目的古滇青铜文物，让你有机会去梳理几千年前的历史脉络，去勾勒滇国历史和古滇文化的框架，去了解2000多年前的云南究竟发生了些什么……

目前，尽管古滇文化旅游名城项目的建设还处于正在进行时，但前景却十分诱人。它通过庞大的建筑群落和立体互现形式，整合特有的古滇文化元素，复活消失了2000多年的古滇历史，全方位多角度再现古滇国的灿烂文明，有效保护了弥足珍贵的古滇文化遗产，让古滇文化展现出前所未有的惊世魅力！

滇池县故址碑

古老的都郡州县

晋宁历史悠久，文化底蕴深厚。在漫漫历史长河中，随着封建王朝的新旧更替，晋宁的行政区划和地名称谓，也随历史变迁发生了名称改换。

早在旧石器、新石器时代，在晋宁这块土地上就有古人类生息活动。新石器时期，他们在滇池沿岸留下了多处贝丘遗址，在附近的台地、丘陵和山坡上留下了许多生活遗迹。

夏、商两朝，晋宁属古梁州。

周朝时，晋宁属雍州。西周时，周王分封诸侯国 71 个，至战国末期之前出现方国 897 个，西周至战国的非姬姓方国共有 387 个，滇国、夜郎国、哀牢国等名列其中。

春秋末期经战国历秦至汉初，晋宁为滇国故地，是古滇国的都邑所在地。在这段历史时期，今滇中和滇东北地区生活着滇、僰、濮，劳浸、靡莫之属等部落和族群，诸侯国、方国林立。西汉史学家司马迁在其《史记·西南夷列传》中明确记载："西南夷君长以什数，夜郎最大；其西，靡莫之属以什数，滇最大；自滇以北君长以什数，邛都最大。此皆椎结、耕田、有邑聚……地方可数千里。"可见，当时的滇国是一个由多民族和众多部落结成的雄霸一隅的方国，社会经济发展到了一定的水平。公元前 286 年，楚国将领庄蹻率领一支数千人的军队从楚国出发西征开疆拓土，辗转数年，进入云南腹地滇池周边地区，用武力降服了滇国各部落，并以部落

联盟首领的身份融入当地社会，被推选为新一任滇王。《史记》记录此事时说："蹻至滇池，地方三百里，旁平地，肥饶数千里……变服，从其俗，以长之。"战国至汉初的滇国，历经数代滇王的治理，闻名中原，其都邑所在地就在晋宁区晋城镇。

西汉元封二年（前 109 年），汉武帝为寻找经南方过印度抵达西域的南方丝绸之路，经充分准备，北击匈奴取得决定性胜利，基本解除了来自北方的忧患，时机成熟，派出将领率军征伐滇国。汉军一路势如破竹，在击败夜郎国之后，兵锋直指滇国。滇国劳浸、靡莫之属在汉军面前难以抵抗，滇王审时度势，只得媾和。"滇王离难举国降"，请置吏入朝。于是，西汉王朝在滇国设立益州郡，将之纳入大汉全国统辖的 13 个州之中，委派太守到任行政，赐滇王尝羌王印，令其"复长其民"。益州郡治在滇国故都（今晋宁区晋城镇附近），郡下设滇池县、建伶县等 10 余县，滇国自此被纳入大汉版图，成为王朝行政区划中的一个郡，成为滇国境内设郡置

水墨滇池

县的开端。益州郡设立后，一直沿袭到东汉末年未变。

三国时，天下魏、蜀、吴鼎足而立，蜀、吴两国皆想获得益州这块富饶之地。公元 225 年，蜀国为稳定大后方，抢在东吴之前占有益州全境，然后集中精力北伐对付曹魏，诸葛亮统率中、东、西 3 路蜀军征伐云南，杀高定，擒孟获，3 路大军会师于石城（今曲靖市）平定了南中。为便于统治，安抚益州境内土著人心，采取攻心为上策，改益州郡为建宁郡，将自古滇国以来历时 500 多年作为云南政治、经济、文化中心的行政中心迁移至益州东部的味县（今曲靖），原益州治所所在地仍在滇池县。

西晋时，前期区划沿袭旧制，后有改动。271 年，晋武帝将益州（驻四川成都）所辖的原南中建宁、兴古、云南、永昌 4 郡划分出来新置宁州。太康三年（282 年）裁撤宁州并入益州（成都），改置“南夷校尉”统辖云南。太安二年（303

年），根据当时形势变化和战时需要，复置宁州，划出原建宁郡西部 7 个县重置益州郡。永嘉二年（308 年），朝廷新任刺史王逊受命后，尚未到任，上书朝廷建议改建宁郡为晋宁郡。晋宁之名在历史沿革中作为行政区划的地名实体首次出现。晋宁郡治在滇池县，原建伶县更名为泠邱县。

南北朝时期，民族大融合，中原烽火连天，朝代更替频繁。北方有北魏、东魏、北齐、西魏、北周，南朝有宋、齐、梁、陈。云南地处西南边陲，相对安宁。南方的宋、齐、梁、陈及北方的北周在战乱纷争中自顾不暇，只能以委任的形式“遥任刺史”统辖云南，而云南境内的地方土著和民族势力借机发展壮大起来，名义上接受赐封，实际上对云南进行独立统治。南朝宋时，置宁州，州下辖 15 个郡，晋宁郡是其中之一。齐、梁、陈 3 朝也派出刺史到宁州任职。陈朝时，地方大姓爨氏以宁州刺史之职对宁州进行实际统治。在此期间，晋宁为晋宁郡治所在地，郡下有滇池县，原泠邱县又恢复为西晋之前的建伶县。

油画《庄蹻入滇》

隋朝时，隋文帝杨坚统一中国，在云南境内设南宁州总管，下辖恭州、协州、昆州等行政区，在朝廷派出官吏出任刺史的同时，也重用东、西爨地方大姓中的首领人物为州刺史。隋开皇十七年（597年），西爨首领反叛，隋文帝令史万岁率军讨伐。隋军攻入大理，挥师东进至渠滥川（今昆阳街道办东南）与东爨37部联军决战。联军败，被迫送人质于朝，云南重归隋王朝统治。隋朝末年，炀帝无道，天下大乱，群雄四起，南宁州又落入东、西爨氏大姓人物的掌控之中。在此期间，晋宁为昆州治下的滇池县，昆阳仍称建伶县。

❶ 清末民初昆阳老城

❷ 古滇商贸城

唐代，武德四年（621年），唐王朝在晋宁境内设昆州和钩州，晋宁属昆州，改滇池县为晋宁县。晋宁在区划沿革中作

为县一级的地名实体名称自此开始。此外，改建伶县为望水县，隶属钩州。南诏统一六诏后，与大唐决裂，凤伽仪在昆明置拓东城，设节度使，在晋宁境内置龟城（今西山区海口镇，原属昆阳县）。

宋代，云南境内的大理国在昆明设鄯阐府，为权臣高氏领地。晋宁为鄯阐府下的阳城堡部，望水县称巨桥部。

元代，忽必烈于1253年出奇兵渡过金沙江，灭掉大理国，随后将云南纳入大元朝的版图。元宪宗七年（1257年），在晋宁县晋城置阳城堡万户府。世祖至元八年（1271年），在昆阳堡孜置巨桥万户府。至元十二年（1275年），巨桥万户府改为昆阳州，昆阳作为区划地名实体名称自此始。同时，在州内置河西县（今下方古城），旋即于至元十七年（1280年）废除该县。至元十三年（1276年），改阳城堡万户府为晋宁州。晋宁、昆阳同属中庆路。晋宁州领呈贡、归化2县，昆阳州领易门、三泊2县。

明、清两朝，晋宁、昆阳区划沿袭元朝时的建制，隶属云南府，仍称晋宁州和昆阳州。清康熙七年（1668年），晋宁州裁归化附呈贡。不久，昆阳州裁三泊县归附安宁，易门另设为县。

晋城古镇

辛亥革命后，中国千年帝制终结，倡导共和，除旧布新。1913 年废除旧时建制上的道、府，改州为县。晋宁州改为晋宁县，昆阳州改称昆阳县。

1949 年，中华人民共和国成立，晋宁、昆阳两县时属滇中区，后改属玉溪专区。1958 年，晋宁、昆阳两县合并，县名沿用原晋宁名称，县城驻地选在原昆阳县城所在地城关镇。1960 年，晋宁县由玉溪专区划归昆明市管辖。

2016 年，报经国务院批准，晋宁撤县设区，称为昆明市晋宁区。

烽火中的艺术摇篮

在晋宁区晋城镇北部靠近滇池的淤泥河与宝象河之间，有一个晋宁区内村落最大、农户人口最多的自然村——安江村。在民族危难，举国奋起抵御日本帝国主义侵略中国的抗战岁月中，来自全国各地的艺术学子迁集到这里，因陋就简，建校读书。炮火硝烟中，艺术的薪火在乡间跳动、闪耀，国立艺专成为烽火中的艺术摇篮。

安江村建村较早，回汉杂居。该地在宋、元时期，为土著民族乌蛮安江部的属地。元朝始有信奉伊斯兰教的回民随元军入云南灭大理国进驻滇池周边劳作生息。明代明军平定云南，军户屯田落籍，形成村落。因村邑建在淤泥河旁，当地人习惯将河流称为“江”，人们在此定居，生息繁衍，渴望河水不泛滥，年年五谷丰登，六畜兴旺，故当地文化人将村庄取名为安江，其中寄托有江河流泽、人畜安定的向往。

村子中部，有一处于 2014 年被昆明市人民政府公布为市级文物保护单位的国立艺专旧址。旧址坐落在水中央，四周为约 160 亩的荷塘，一道堤岸直抵塘中岛洲，其上建筑坐北朝

南，整体由居中的阁楼、大殿、前后天井及东西配殿构成，占地 1161.6 平方米。大殿和东西配殿即为当年国立艺专的校舍，虽经岁月侵蚀，建筑物老旧，但旧址依然在蓝天白云之下，伫立在宁静的村子中，伴着荷塘习习的清风，诉说着往日国立艺专师生办学的荣光。

国立艺专的前身是成立于 1928 年的杭州国立艺术专科学校，简称“国立艺专”或“艺专”，为当时全国唯一的高等艺术学府，现今中国美术学院的前身，是中国培养艺术人才的摇篮。

1937 年，“七七卢沟桥事变”爆发后，日本帝国主义企图快速灭亡中华，派出侵华重兵向华北、华中、华南大举进犯。在弥天的战火硝烟中，为确保我中华文化、艺术人才后继有人，艺术薪火世代传承，华北和东南沿海的一些高等学府和科研院校为躲避战火，纷纷向时为大后方的大西南转移。杭州艺专最先迁到湖南沅陵，1938 年与从北平南迁的北平艺专合并办学成立国立艺专，不久，因战事吃紧，国都南京陷落，日寇进犯长沙，国立艺专被迫搬迁昆明。

1938 年 9 月 28 日，日军为打破中国抗战大局，切断大西

1 安江村全景

2 安江村国立艺专旧址

南抗战战略物资补给线，首次派出空军空袭昆明。在成群结队低空飞行的日机呼啸声中，在昆明城中建筑燃烧的烈焰里，惨烈的现实告诉人们，地不分南北，人不分老幼，中华民族被卷入了日本发动的侵华战争中，正经历着血与火的考验。

1939 年，为躲避日本飞机对昆明的轮番轰炸，让艺术之花在战地的腥风血雨中傲然绽放，国立艺专疏散搬迁到晋宁安江村继续办学。

那时的安江村，与其他乡村一样，破旧落后，没有生气，既不通公路，也不通水电，唯一让人感到欣慰的是民风古朴，民众可以唤醒再造。

国立艺专落脚安江村后，因陋就简，正常办学。无教室宿舍，就借用村中的古建筑玉皇阁等 5 座寺庙做讲堂和宿舍，再不足，便租用村民稍为宽敞的民房做教师和学生宿舍，确保学子的琅琅读书声回荡在乡间。

那时的国立艺专，全校开设有国画、西洋画（油画）、音乐等 5 个系，师生共 100 多人。执教的教师都是当时全国著名的专家、教授。如：国画家潘天寿、吴茀之、张振铎、潘韵等；西洋画家有林风眠（老校长）、方干民、常书鸿、关良等；音乐系有唐学咏等。

从热闹的城市到寂静的乡村，从相对发达的沿海地区到落后的边疆，明亮的教室变为破寺烂庙。面对较差的学习环境和生活条件，艺专的师生们克服重重困难，笃志于学，始终怀抱着“抗战胜利后，需要更多的建国人才，今天的学子，就是明天的栋梁”的信念，自己动手，艰苦奋斗，将学校办得有模有样。教学中，绘画要找合适的模特儿，面对农村千百年来形成的保守意识，变通找来乡间女孩，尽量将裤腿卷得高些、再高些。为了真、善、美，经过大量的说服开导工作，找到了真正的模特儿，让学生在古庙里当着泥塑菩萨诸神的面进行临摹、写生。用当时潘天寿教授激励学生创新的话说：“艺术不是算术，上算术课 1+1=2，人人答对了，就是满分。如果上美术课人人都画成一个样，这位教师就不及格。”师资不足，执教老师超课时教学，无怨无悔，一心想着的是为国家培养人才，虽苦虽累，比起前方抗战将士，至少没有生命危险，做出付出，值得。教学之余，师生们或外出游览写生，或自办画展，或填诗作词，或组织开展体育活动。课余时间，还根据村民的生产生活情况和对文化艺术的需求，农忙时，组织师生帮助农户冒雨抢收庄稼；农闲时，在村中办起了扫盲识字夜校，免费教儿童读书识字，教村民唱抗日救亡歌曲……

安江村国立艺专旧址

1940 年，随着战争的发展变化，昆明不再是抗战的安全之地。国立艺专根据战时需要迁往四川璧山，离开了安江村。

国立艺专师生在安江村生活学习的那段日子，虽然短暂，但在师生心目中却留下了深刻的印象，令人终生难忘。

在烽火连天的战争岁月里，在滇池湖畔寻得一片相对宁静的乐土，体验乡村生活，感受和亲近大自然，了解农民的喜怒哀乐，与农民叔伯兄弟姊妹打成一片，悉心读书，致力创作，捕捉稍纵即逝的创作灵感，积累人生经历的宝贵财富。以至当年的学子，后来成为名人大家的吴冠中、刘傅辉、李霖灿、包克家等艺术大师们在回忆起在安江村生活的那段日子时，记忆

安江村东老牌楼

犹新，感慨颇深，陈述如数家珍。

安江村上了年纪的老人回忆起当年与国立艺专师生交往相识的往事，心里充满了感慨和敬意：那些青年男女学生活泼可爱，书声琅琅，四处写生。他们的到来，给平静的乡村带来了前所未有的生机。习以为常的山水剪裁入画，霎时成了靓丽的风景；教村中的孩子读书写字，让牧童看到了外面更广阔的天地；寻常百姓的日常生活进入画卷，即刻让人浮想联翩；不加遮羞的人体作为艺术，原来竟如此的美好丰满。文化艺术的春风，初次吹开了村民保守的心扉，艺术唯美的雨露，破天荒洒进了农民的心田。回想起来，艺专的师生了不起，他们的所作所为，让人心生敬意，总觉得一切都是那样的有趣和新鲜。

时光流逝，换了人间，旧貌变新颜。如今的安江村，泥墙草顶的低矮农舍，周边惹眼的高大仙人掌早已消失不见，村中通了公

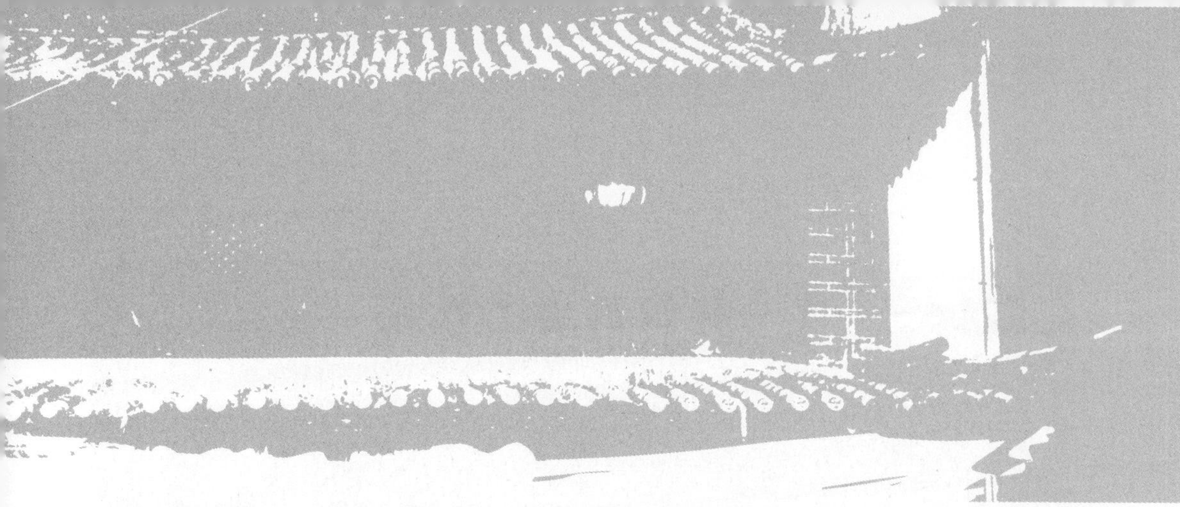

路、自来水，电灯电话，汽车洋楼，全村村民增加至1400多户，小学校、卫生室、小卖部、茶铺等一应俱全，还办起几家工厂，铸造业生产的产品国内小有名气。

从村东的老牌楼步入安江村，村道两旁的农家屋舍，古朴与现代相杂，纵贯南北的村中早市街道，每天早晨总要热闹一番，交易声不断，至午后方归平静，给人一种农家生活平凡淡然的感觉。

村中没有改变的，当属国立艺专旧址。建筑与环境还是那样古朴沧桑，经修旧如旧的保护修缮，其散发出的气息仍旧那样古香悠远。

随着时代的发展，安江村服从国家建设需要，为了更为美好的明天，要做整村搬迁。村庄即将消失，但国立艺专旧址仍会守住荷塘边的土地，继续铭记和保存往事和历史的记忆，长久伫立，守望过去。

郑和——滇池起航的海上巨人

滇池，红土高原的一颗璀璨明珠，不仅孕育了辉煌灿烂的古滇文明，而且孕育了伟大的航海家、外交家、和平使者——郑和。

郑和家世探秘

《明史·郑和传》中，关于郑和的家世仅“郑和，云南人”五字，语焉不详，偌大个云南，一百多个郡县，郑和到底是何方人氏，我们不得而知。有关郑和下西洋的书籍，只记录了郑和出洋的功事、出洋人员、船队规模及诸国情况，郑和家世我们仍一无所知。掩卷沉思，陡然心寒。

然而，600 多年过去了，郑和却并未因岁月的流逝而被世人淡忘，他的威名越来越引起人们的关注，以至在世界多元化、多极化和民族矛盾地方冲突不断升级的今天，郑和成为世人祈盼的和平旗帜和耀眼的精神光团。很多国家和地区，特别是郑和当年下西洋到过的东南亚一带，人们把他当神灵一样供奉和崇拜。

近年来，郑和研究在世界范围内一路走热，风生水起。直到 20 世纪《马哈只墓碑》《郑和家谱》和《南京郑氏家谱首序》的相继发现与现代研究，才揭开了郑和家世之谜。1894 年，昆阳学者苏晓荃在昆阳月山西坡发现郑和父亲马哈只墓，后来他把此事告诉了清末最后一名经济特科状元袁嘉谷先生。袁嘉谷先生于1912年亲自前往昆阳考察，果真在昆阳宝山乡和代村（今晋宁区昆阳街道和代村）旁月山上发现马哈只墓，墓有碑文《故马公墓志铭》，碑额呈圆拱形，上书小篆“故马公墓志铭”六字。龟趺碑座，石碑正文四周，阴刻着缠枝蒂莲花纹。正文楷书十四行，共284字，有的地方字迹残损。

《故马公墓志铭》开首便道：“公字哈只，姓马氏，世为云南昆阳州人。祖拜颜，妣马氏。父哈只，母温氏。”这说明郑和世家为回族，信奉伊斯兰教，祖籍云南昆阳州。其父和祖父都是极有威望和地位的伊斯兰教徒，哈只，是阿拉伯语音译，为巡礼人或朝圣者之意。郑和的祖父和父亲均被尊为“哈只”，说明他们都到伊斯兰教圣地麦加朝觐过。

碑文为礼部尚书李至刚所撰，李至刚和解缙是明代大才子，他是左春坊大学士，解缙是右春坊大学士，与郑和同属朱棣臣子，是好朋友。因李至刚文采卓然，郑和在下西洋之前便托李至刚为其父撰写墓志铭，并寄回老家篆刻立碑。永乐九年(1411年)十一月，郑和第三次下西洋回国后，专程返回故乡祭扫马哈只墓，在《故马公墓志铭》的碑背面，记载了此

《故马公墓志铭》

事："马氏第二子太监郑和奉命于永乐九年十一月二十二日到于祖家坟茔祭扫追荐至闰十二月吉日回还记耳。"

《故马公墓志铭》的发现，人们方知郑和是云南昆阳人及其家世出身等情况，补充了文献史料记载的诸多不足。

郑和与赛典赤·赡思丁是有血缘关系的。《马哈只墓志铭》中提到"祖拜颜"，拜颜是何许人呢？据元史《赛典赤·赡思丁传》记载：赛典赤·赡思丁·乌马儿，回回人，别庵伯尔之裔。赛典赤是波斯语，中文"荣耀的贵族"的意思，是对穆罕默德后裔的尊称，赡思丁波斯语指"宗教的太阳"，乌马儿才是他的本名，波斯语长寿之意。他出生于中亚伊斯兰文化名城不花剌（今布哈拉），13 世纪初，成吉思汗西征攻占了不花剌城，他的父亲是不花剌城的一个部落首领，为免屠城之灾，遂率骑兵一千多人，带着"文豹""白鹘"之类的珍禽异兽前来归附成吉思汗，当时，赛典赤·赡思丁·乌马儿只是一个十一二岁的孩子，但他聪明英武，机灵过人，很快获得了成吉思汗的信任和厚爱，随后便担任了成吉思汗的帐前侍卫，随军征伐，最后来到了中国。曾任燕京路总管，中书平章政事等要职，元朝设立云南行省后，至元十一年（1274 年），元世祖特选赛典赤为云南行省平章政事。赛典赤治滇六年，和平仁爱，边疆稳定，各族人民和谐共融；生产发展，人民安居乐业，生活富裕安康。赛典赤死后，被追封为"咸阳王"，葬于昆明郊外五里多，后迁至松华坝。忽必烈为表彰赛典赤的功绩，特任命他的长子纳速剌丁继任云南平章政事，纳速剌丁的儿子拜颜，又继任中书平章政事。此碑称拜颜是马哈只的祖父，由此推断可知郑和是赛典赤的六世孙。

至此，掩盖五百余年的郑和身世之谜终于昭然天下：郑和，回族，信奉伊斯兰教，云南昆阳人，赛典赤·赡思丁六世孙。

郑和是我国明代有名的太监，既是太监，哪来后人？既无后人，何修家谱？

1936 年，云南玉溪的辛亥革命遗老李鸿祥将军，倡修本籍玉溪县志，广泛征集玉溪地区各种历史人物资料，有家乡人从居住在玉溪的郑和后裔家里抄录得《郑和家谱》，家谱记载了郑和世系、郑和出使西洋、出洋官兵、下洋船舶、所到国家的情况，其中有永乐、宣德两帝给郑和的敕书，为其他史书所未载。《郑和家谱》是继马哈只墓碑之后的又一重大发现，是揭开郑和身世之谜的又一份弥足珍贵的史料。《郑和家谱》载：“至宣德六年（1431 年），钦封公三宝太监，公以兄文铭之子立嫡，名赐。”原来郑和的哥哥马文铭将其子过继给郑和，郑和后裔才代代相传。目前，郑和后裔主要有玉溪、晋宁、南京、泰国几支。

《故马公墓志铭》碑阴题记

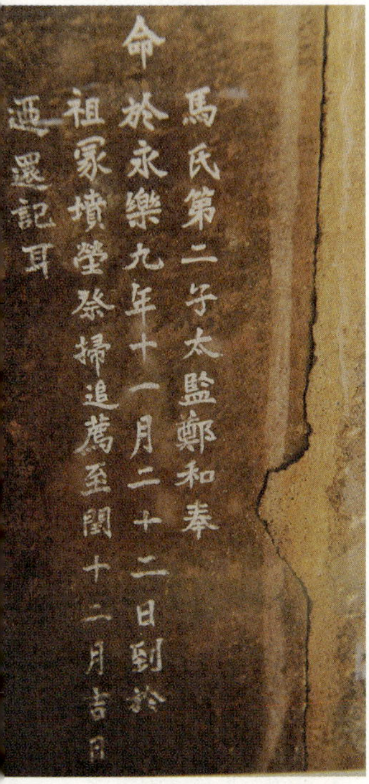

李士厚先生是一位有远见卓识的史学家，在他眼中，郑和是一个伟大的航海家，他是中华民族的骄傲。如果郑和家谱只供一家人收藏，就失去它的价值和意义了，不如写一本翔实的郑和传记公诸于世，后写成《郑和家谱考释》一书。为了便于阅览，李士厚先生在家谱天头加上眉批，分出段落，再在谱后分段加上校注。

郑和下西洋是世界航海史上的奇迹，而云南大山深处能孕育出一个伟大的航海家郑和同样是个奇迹。

晋宁厚重的历史文化，独特的地理条件和社会环境，与郑和特殊的家世背景和良好的个人素质，是郑和成为一位伟大的

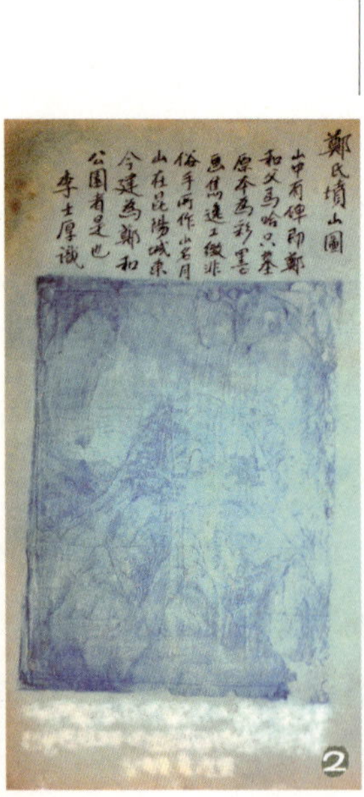

❶ 位于昆明松华坝的元咸阳王赛典赤·赡思丁墓

❷ 李士厚的《郑和家谱考释校注》之《郑氏坟山图》

航海家的主要原因。滇池边上的昆阳古镇，处云南最富饶的滇中地带，土地平旷，水域宽广，气候温和，有渔田之饶，更有舟楫之利。自庄蹻入滇后一千多年间，晋宁是云南政治、经济、文化中心，是益州郡和古滇国都邑所在地。

滇池，当地人称昆阳海，历史上滇池航运十分发达，元朝文人王升在其《滇池赋》中写道：“千艘蚁聚于云津，万舶蜂屯于城垠，致川陆之百物，富昆明之众民。”足见当时昆明城东南码头的繁盛景象；明代晋宁文人唐尧官在《晋宁州风土记》中提道：“郡（晋宁州）去会城（昆明）仅百里，商贾陆行者少，暮挂帆而朝达云津，可省负担之劳”；《创建重建大观楼碑记》描述了“迤西州县沿海一带官商客旅楫楫而来，帆帆而去，荟萃于篆塘”的繁忙景象；《昆阳县志》还具体提到“前清嘉道间有宏顺、荣顺、万泰、义泰四号船帮往来省县”等。在滇池各重要港口码头，官府还设有河泊所、鱼课司等管理船务和渔业的机构，现在滇池周边还有好几个叫河泊所和官渡的村落，可见昔日滇池航业之盛况。当时滇池岸边有两个最重要的港口码头：一个是滇池的北岸昆明港，主要以篆塘和云津码头为主。另一个是滇池南端的昆

阳港，它们是滇池上最大的人、货集散地，是滇池水上交通大动脉，是滇南地区与省城昆明重要的水陆交通枢纽。滇池航运的兴旺发达促进了当地造船业的发展，在滇池行驶的各种船，种类繁多，功能齐全，主要有虾船、渔船、砂船、篷船、单彩船、双彩船、梭镖船等十余种。

郑和出生和成长在这样的环境里，耳濡目染，使他与水和船结下了不解之缘。同时，郑和荣耀的家族史和优越的家庭环境以及郑和自身的天赋和卓越的才华，为他日后的成长奠定了

滇池航运

坚实的基础。身为赛典赤的六世孙，他无比自豪，祖父和父亲均到圣城朝觐，他希望有一天能去天方朝觐，成为受人尊敬的"哈只"。郑和又接受了中华文化和伊斯兰文化的教育和熏陶，加之郑和从小就有远大抱负，勤奋好学，奋发图强，终于成为"才负经纬，文通孔孟"的旷世奇才。这一切，使他成为挂帅远航的最佳人选。

滇池，是郑和成为伟大航海家的摇篮。

滇池，是郑和扬帆远航的第一个起锚地。

靖难立功

人生有两大遗憾，一是怀才不遇，二是遇不怀才。虽说是金子总会发光的，但把金子埋在泥巴里是发不出光来的。赤兔马还得吕布骑，两板斧还得李逵舞。可是对于一个庸才和孬种，给他拥有广阔的平台和大好的机会，他又能怎样，仍是一坨糊不上墙的泥巴。郑和是卓尔不群的，郑和是幸运的。毕竟，郑和遇到了识才爱才的明主，遇到了真正属于他的时代。

郑和一生有三个重大转折点：特选皇庭、靖难之役、七下西洋。特选皇庭，为他展示才华提供了平台和机会；靖难之役，充分展示他的才华，马和成为郑和；七下西洋再次展示了他"才负经纬，文通孔孟"的旷世奇才，使郑和成为一个伟大的航海家、外交家、和平使者。

关于郑和入宫，传统的说法是公元 1381 年，明太祖朱元璋发动了统一云南的战争，年仅 11 岁的郑和被明朝军队掳去南京，遭阉割，后赐予燕王朱棣为侍童。郑和长大后，容貌英俊、身材魁

晋宁区郑和公园浮雕《郑和家世》

晋宁区郑和公园浮雕《掳掠入京》

梧、气度不凡，深得朱棣喜爱，后随燕王转战漠北、辽东等地。戎马生涯，使郑和逐渐成长为一个能征善战的勇士，成为朱棣的心腹爱将。

很多书上都如是说，这似乎已经成为公论和定论。我对此观点是不认同的。郑和不是被俘入宫，也不是被掳入宫，而是因郑和“才负经纬，文通孔孟”，特选于皇庭。

《故马公墓志铭》中说“和自幼有材志”，足以说明郑和从小就是一个有远大理想抱负的人，从《故马公墓志铭》看，郑和的家庭非常好，父母非常好，所受的教育非常好，郑和自己也非常勤勉，非常优秀，正因如此，才有了“事今天子，赐姓郑”的机会和荣耀。

南京《抄郑氏家谱・首序》记载：“至明定鼎，太祖稽考前朝功臣，见咸阳王丰功骏烈，垂光史册，而社学管、养济院尤法良意矣，足为后世楷模。因将此二条登于阴骘书中，令天下仿行。追加咸阳王忠惠二字之谥，诏建庙，于春秋祭祀，永垂不朽。诏其后裔世袭侯爵。维时马三宝承袭，即擢为兵部尚书，太祖颇倚重之。后数有功于郑州，因赐姓郑，改名为和。后事成祖，努力王事。”这段文字道明了明朝开国皇帝朱元璋对前朝大臣咸阳王赛典赤的态度。作为一朝开国皇帝，对前朝大臣有如此开明之举，是难能可贵的。纵观中国历史，很多开国皇帝对前朝官员大都满门抄斩，斩草除根，以免后患。赛典赤治滇，和平仁爱，边疆稳定，人民安居乐业，生活富裕安康。作为草莽起家的朱元璋，饱尝底层百姓的辛酸，也难怪他盛赞赛典赤为“后世楷模”，以致“令天下仿行”。《首序》也道明了郑和入宫的原因。因朱元璋赞誉赛典赤，遂“诏其后裔世袭侯爵。维时马三宝承袭，即擢为兵部尚书，太祖颇倚重之。”说明郑和是在朱元璋在位时就被召入宫了，并且很受器重。郑和赐姓郑的问题也讲得很清楚，因马和“数有功于郑州，因赐姓郑，改名为和。后事成祖，努力王事。”这里的郑

州是指北京附近的郑村坝，朱棣发动靖难时，郑和在郑村坝立下赫赫战功，扭转了战争局势，为取得最后胜利奠定了基础。后来朱棣登上王位，赐马和郑姓，马和变成郑和。《首序》是根据族长回忆修补成的，凭记忆所补史实虽有谬误，如郑和世系中掉了米里金一代，说成米的纳生马三宝；郑和升为内官监太监而不是兵部尚书等。但《首序》大都还是忠实于原谱，没有发现人为杜撰痕迹。尽管如此，我们不能否认郑和被朝廷提拔任用的史实。

《玉溪郑和家谱》载："公次子和，才负经纬，文通孔孟，特选皇庭。"踏破铁鞋无觅处，得来全不费工夫。一个偶然的机会，我从旧书摊上买到一本李士厚先生1936年编著的《郑和家谱考释》，扉页上还写着"赠希鲁先生存阅"字样，落款是学生李长弼。书已经泛黄，非常破旧。"公次子和，才负经纬，

❶昆阳古城旧照

❷油画《郑和下西洋》

文通孔孟，特选皇庭。”起初我以为是李士厚先生编上去的，后来我又核对了《玉溪郑和家谱》最原始的影印件，最终证实确系《玉溪郑和家谱》中的原话。

乱世出英雄，英雄出少年。此话用在郑和身上是十分准确的，郑和是旷世奇才，因其才负经纬，文通孔孟而被选于皇庭。马和入宫，是他人生的重要转折。有了入宫，才成为了朱棣近旁，这是决定马和一生最重要的事件。他在复杂的环境中深悟处世之道，变得卓尔不群。马和文韬武略，有智有略，知兵习战，屡建战功，深得朱棣赏识，成为朱棣的心腹爱将。

洪武三十一年（1398 年），朱元璋病死。按旧制，皇位应由嫡长子继承。由于太子朱标早在洪武二十五年（1392 年）去世，就由朱标长子、朱元璋的长孙朱允炆接位，是为惠帝，年号建文，又称建文帝。建文帝虽是仁德之君，但却缺少雄才大略。此时的天下大势，藩王割据，势力越来越大，严重威胁着建文帝的统治。朱允炆为巩固中央帝权，采纳了兵部尚书齐泰、太常寺卿黄子澄等人的“削藩”建议，开始大范围削除各王势力，同时调集兵马，分驻开平、顺德及山海关等地，以控扼北平，逼迫朱棣交出王位。朱棣被逼无奈，只好先发制人，于建文元年（1399 年）八月起兵发难，这就是历史上的“靖难之役”。当时，燕王麾下拥有大批少数民族的战将，他们大多骁勇善战，屡立战功，特别受到燕王的器重，马和就是其中的佼佼者。这一大批将领、内侍，后来均成为明成祖的心腹。朱国桢《皇明大政记》卷 7 亦载：“靖难初不独名将甚多。而内臣兼智勇者，亦往往有之……郑和，即三宝……并云南人……皆内臣从燕王起兵靖难，出入战阵，多建奇功。后皆为各监太监，出或镇边藩焉。”尤其在郑村坝战役中，马和建立奇功，粉碎了建文帝对北平的包围，消灭了建文帝军队的有生力量，为燕王的最终胜利奠定了基础。1402 年，朱棣登上皇位，史称明成祖，又称永乐帝。明成祖即位后，赐“郑”给马和为姓。自此，马和改姓为郑和，同时提拔为内官监太监，成为明成祖朱棣最得力的干将。

远航壮举

拿破仑曾经说过，中国是一头睡狮，一旦醒来，它就会震撼世界。要震撼世界，必须有强大的实力。震撼世界不外乎两种情况：一是依仗强大实力推行强权政治和霸权主义，给世界各国人民造成恐慌和灾难；一是依仗强大实力给世界各国人民创造幸福。郑和属于后者。郑和下西洋就震撼了世界，英国学者李约瑟在《中国科技史》中赞誉郑和下西洋："当世界变革的序幕尚未揭开之前，即15世纪上半叶，在地球的东方，在波涛万顷的中国海面，直到非洲东海岸的辽阔海域，呈现出一幅中国人在海上称雄的图景：这一光辉灿烂的景象就是郑和下西洋。"

油画《起锚》

明成祖朱棣具有博大的胸襟和开阔的视野，在对外关系上，展

油画《郑和出海图》

现出极大的主动和积极性。他突破先王“片板不得出海”的祖训，实行开放，积极推行“内安华夏，外抚四夷，一视同仁，共享太平”的睦邻友好政策。在人事制度上，他消除了先王“宦官不得干预朝政”的规矩，任人唯贤，选用了一大批像郑和一样有德才的宦官。他励精图治，增强国力，六征漠北，肃清残元，以消北患；审时度势，迁都北平，贯通南北，雄踞天下；不拘一格，文治武功，编著《永乐大典》；突破祖训，除禁海令，任人唯贤，重用宦官，以整顿吏治，史称“永乐盛世”。“永乐盛世”为郑和下西洋提供了坚实的政治经济基础。

远航西洋要穿越惊涛骇浪，要战胜千难万险，谁人担此重任？《古今识鉴》记载：郑和“身高七尺，腰大十围，四岳峻而鼻小，眉目分明，耳山过面，齿如编贝，行如虎步，声如洪

郑和宝船复原效果图

钟，才负经纬，文通孔孟，博辩机敏，长于智略，知兵善战。”据说，明成祖欲通西洋，问擅长相术的袁忠彻：“三宝领兵如何？”袁忠彻回答说：“三宝姿貌才智，内侍中无与比者，臣察其气色，诚可任。”加之郑和个人才能出众，又信仰伊斯兰教，并对佛教有深入的了解，西洋多为佛教和伊斯兰国家，这一切，都使他成为出使西洋的最佳人选。1405 年 7 月 11 日，郑和船队从太仓刘家港起航，开启了七下西洋的伟大征程。郑和下西洋历时 28 年，最远到达红海和非洲东海岸。

面对苍茫大海，惊涛骇浪，对造船技术提出了相当高的要求。孙中山在《建国方略》中盛赞：“乃郑和竟能于十四个月之中而造成六十四艘之大舶，载运二万八千人巡游南洋，示威海外，为中国超前轶后之奇举。至今南洋土人犹有怀想当年三保之雄风遗烈者，可谓壮矣。然今之中国人，借科学之知识，外国之机器，而造一艘三千吨之船，则以为难能，其视郑和之成绩何如？”

郑和船队主要有宝船、粮船、水船、马船、坐船与战船。郑和宝船是一种大型海船，在明代人编写的《国榷》中称“宝船六十二艘，大者长四十四丈，阔一十八丈”。依据这一尺度，甲板面积约相当于一个足球场大小，堪称当时世界航母。郑和科学组织船队，让每艘船都按其用途极尽所能。航行中，除了利用航海罗盘、计程仪、测深仪等航海仪器外，还综合运用了天文、地理、海洋、气象、水文和数学知识，引领世界航海先机，创造了世界航海事业的奇迹。

郑和下西洋，开辟海上丝绸之路。古代中国有三条重要的国际大通道：两条陆路一条水路。两条陆路，一是汉代张骞班超出使西域开辟的从中国西北通往西域西亚的陆上丝绸之路；一是唐宋以后开辟的从中国西南地区通往东南亚、西亚的茶马古道。水路就是郑和下西洋开辟的联通东西方的“海上丝绸之路”。

郑和 28 年七次下西洋，先后在占城、苏门答腊、锡兰山、古里、小葛兰、忽鲁谟斯和满拉加等都设立了交通中心站，还有 20 余处中转出航点。这些转航点，绝大多数都要分艅船队到不同国家去聘访，七下西洋开辟三十余条航线，在《郑和航海图》中有不少记载。

郑和下西洋，开启了世界大航海时代的到来。郑和下西洋，不仅是中国航海史上超前轶后之奇举，也是世界航海史上的奇迹，早哥伦布 87 年，早达·伽马 92 年，早麦哲伦 114 年。以其船舶之巨、船员之众、规模之大、时间之长、航程之远，创造了航海史上的奇迹。郑和下西洋半个世纪后，哥伦布、达·伽马、麦哲伦、迪亚士为了寻找黄金和开辟殖民地，掀起了世界大航海时代的高潮，其船舶、规模、影响均不能和郑和下西洋相提并论。

郑和下西洋，开创了一个庞大的贸易帝国，开世界贸易之滥觞。开展贸易活动，是郑和下西洋的一项重要内容。《瀛涯胜览》中记载了郑和船队和西洋各国的贸易情况，如古里国："若宝船到彼，王差头目并哲地、米纳儿即书算手、官牙人等，会领宗大人议择某日打价。至日，先将带去锦绮等货，逐一议价已定，随写合同价数各收。若价钱较价已定，如买一主珍珠等物，该价若干，是原经手头目、米纳儿计算，前还纻丝等物若干，照原打手之货交还，毫厘无改。"文中提到的米纳儿，是指管账计算之人。官牙和牙人，是指市场上为买卖双方说合交易，并抽取佣金的居间商人，也称牙商。官牙是官方的牙人。这段文字讲述了郑和下西洋同西洋国家的经济贸易是以公平诚信为原则的。从看货、验货，再到议价、定价，最后交货、付账，双方都互相信任，遵守合同。郑和下西洋的贸易行为，也是最早的国际贸易。

2007 年，美国《商业周刊》网站评出了"史上最伟大的 30 名企业家"，郑和榜上有名，上榜理由是：他最具冒险精神，激励后代企业家勇于承担风险。他是唯一一位中国人，也是唯一一位古人，至少比其他入选者早 300 年。

郑和下西洋，树立了一座世界和平外交史上的里程碑。中华民族是一个热爱和平的民族，并有着同各国人民进行友好外交的传统。明太祖朱元璋曾告诫对邻国"凡不为中国之忠者不伐之"，"以远尔相安于无事，以共享天下之福。"明成祖继承了父训，十分注重与邻国及周围地区的和平与安宁。郑和大航海，肩负"开道九夷八蛮""四海一家""天下同享太平之福"的特殊使命，所到之处，不论国度、民俗民风如何不同，始终尊重异域风俗，开展平等贸易，进行文化交流，促成亲善往来，沟通了亚非各国的相互了解。郑和下西洋遍访很多国家和地区，明史《郑和传》中有确切记载的有三十多个。

郑和下西洋，还做了很多维护地区和平与稳定的事，赢得了各国人民的敬重与爱戴。

打击海盗陈祖义。洪武年间，陈祖义纠集海盗，占据交通要道的旧港（即三佛齐），凡有经过客人船只，便劫掠财物。他不仅掠夺商旅，而且劫持西洋诸国来华使节。1407 年，郑和出使西洋返航

到旧港时，生擒陈祖义，押回南京斩首。达到了“海内振肃”的目的。

平息安南和占城的战争。安南今越南北部，旧时又称交趾；占城今越南南部。永乐元年，占城国王遣使来朝，因安南侵略，请求制止。郑和奉使暹罗，先到占城，再入安南，晓谕圣意，阻止了安南入侵。后来的安南国已不是前陈氏国王，王权已被黎李犛父子窃取，屡犯我广西、云南边境，侵占数州。后来明成祖兴兵取安南，郑和到占城国，请国王派将堵其海路，使得张辅平定安南时，安南伪王出逃无路，只好束手就擒，一场战争，就此平息。

调解暹罗与满剌加纠纷。郑和首航西洋时曾赐满剌加国王印信，后来被暹罗国所劫持，事情反映到大明朝廷，明成祖安排郑和二下西洋时去处理。暹罗国王诚惶诚恐，以为郑和此番必定兴师问罪。郑和问清情况，暹罗国王将印信交与郑和。郑和遣人将满剌加国王印信送还，国王愿随郑和到天朝拜见大明皇上。郑和答应待返回时，一同前往，满剌加国王十分高兴。之后，国王随郑和船队到了南京，拜见了明成祖。

郑和公园

郑和下西洋，有力维护了东南亚地区的和平与稳定，使他成为

举世公认的外交家和和平使者。郑和下西洋，铸就了一座世界和平外交史上的里程碑。

万古流芳

死者倘若埋在活人心中，他就没有死。

走在郑和故里昆阳，你随处可以看到很多以郑和的名义为各种街道、场馆、建筑物命名。永乐大街、郑和路、郑和公园、郑和文化广场、郑和·世界航海邮票展馆、三宝楼……晋宁更有一批有志于郑和研究的专家学者，他们咬定青山不放松，几十年如一日，笔耕不辍，编辑出版大量有关郑和的书籍和资料，成绩显著，在国内外郑和研究界产生了广泛的影响。晋宁人民还以节日的形式纪念郑和。2005 年 7 月 11 日，郑和下西洋首航日 600 周年纪念日。国务

郑和雕像

三宝楼

院把“7 月 11 日”定为“中国航海日”，郑和故里也举行了隆重的纪念活动。从 2006 年起，晋宁把每年的 7 月 11 日确定为“郑和文化旅游节”，声势越办越大，档次越办越高。2010 年升格为“中国·昆明泛亚国际郑和文化旅游节”，并从 2010 年起定为昆明市法定节日。郑和文化旅游节已成为晋宁人民最大的节庆活动和文化盛典。

2014 年 4 月，台湾著名学者曾仕强老先生到昆明讲学，课余，曾老先生点名要到郑和故里晋宁。在马哈只墓前，曾老先生仔细对随行的学子们说：“郑和是晋宁人民的骄傲，更是中华民族的骄傲，他的父亲养育了他，我提议大家向他老人家鞠三个躬。”随即带领大家向马哈只墓鞠了三个躬。曾老讲《易经》，他认为郑和是世界上把坤道发扬得最好的人。他说：“公道自在人心。郑和受尽委屈，可他凭这句话，羞辱是你的感觉，当你没有这种感觉的时候，你就没有羞辱。可见，郑和很有气度，像大地一样有无限的包容力，这正是坤道的精髓。”在逆境和困境中能够忍辱负重，自强不息，这是郑和最了不起的地方，也是他留给我们的最宝贵的精神财富。看到晋宁人民把郑和精神发扬光大，曾老感慨地说：“此生不虚此行！”

2013 年 10 月 3 日，习近平主席在印度尼西亚国会发表重要演讲，提出共建“二十一世纪海上丝绸之路”倡议。海上丝绸之路，就其范围而言，就是当年郑和开辟的海上丝绸之路。21 世纪海上丝绸之路，是一条和平合作之路，是一条开放包容之路，是郑和下西洋的延续。2015 年 11 月，李克强总理访问马六甲郑和文化馆，他说：“郑和是我们的老祖宗，他的精神代表中华民族的精神，是我们的‘祖传遗训’。我这次来马来西亚，也是继承祖先传统，追求和平，追求友谊，解决矛盾，推动交流。郑和的‘和’，是和平、和谐，也是包容。”

郑和是中国的，更是世界的。

郑和是第一个走向外国人神坛的中国人。2002 年，美国《生活》杂志在全球范围内评选 1000 年来百位世界伟人，中国有 6 位入选，郑和名列前茅。可见郑和在国外的声誉何等尊贵，影响力何等大。

印尼爪哇岛北岸，有个叫三宝垄的城市，当地人为纪念郑和，于 1724 年建盖了三宝庙。因为郑和是于当年农历六月三十日在此登岸的，迄今每年的这一天，当地成群结队的人们都要前往三宝庙进香。三宝庙内有三宝洞，旁边有三宝井，相传是当年郑和所掘的。在三宝洞里塑有郑和的塑像，居民以此为正穴，整天香火缭绕，每年的农历六月三十日敬香更盛。

在马来西亚马六甲城，有一座三宝山，又叫中国山，传说郑和曾在此驻扎过。永乐三年（1405 年），郑和在此筑城，城在三宝山山峰，城楼都是中国风格的。三宝山上有华侨的坟墓，相传郑和船队停泊马六甲时，随行人员有死亡者都葬于此地，此后就成为马六甲华侨的公共墓地。三宝山下有三宝圣井，占地面积很大，相传是郑和所掘，井水清澈，味甘甜，远道而来汲水者络绎不绝。在井旁建有三宝亭，供奉神主郑和。在马六甲城内，还有一座三宝公庙，占地很广，香火极盛，庙内有一块石碑，上称郑和为护城之神。

泰国境内有很多三宝庙、三宝宫、三宝禅寺，其中曼谷的三宝公庙香火最盛。这些都反映当地人民对郑和崇敬之情，泰国人民把每年农历十月十五日叫作“圣日”，说这一天郑和投药于江河之中求护万民，因此这一天家家贮存河水，还说可以久存不坏。泰国人实行水浴，说浇水可以治病，这也是郑和教的。

此外，在印尼其他岛屿、文莱、柬埔寨等地都留有郑和的多处遗址，至今还流传着关于郑和的故事和传说。印尼学者乌斯曼·埃芬弟曾说：“在东南亚地区，三宝公像神一样受到人们的崇敬，他的英名永垂千古，流芳百世。”

代有俊彦　名贤辈出

晋宁，作为滇文化的发祥地，自古重教化、敦礼乐，加以山川灵气所钟，千百年来，一直人文鼎盛，名贤辈出。伟大航海家郑和就被梁启超誉为“海上巨人”“国史之光”，还有诗书画“三绝”的担当、清代第一才女李含章、文献学家方树梅等，这些生于斯长于斯的晋宁本土俊彦，文治武功，四德兼备，功绩显赫，彪炳汗青，至今闪耀在古滇都邑、郑和故里的人文谱系中，是我们不可或缺的文化遗产和精神财富。它向我们昭示的是一种不屈的民族精神，一股昂扬的人间正气。这正是我们当今建设和谐社会，构建美好晋宁的动力源泉。由于篇幅所限，本文在晋宁璨若群星的俊贤名达中，遴选了 10 位影响较大的名贤记述。

开滇始祖庄蹻

庄蹻（?—前 263 年），史载系“楚庄王之苗裔”，战国时楚国将军，“入滇”是他平生所做的一件大事。

楚怀王二十八年（前 301 年），楚国受到秦国军队的大举进攻，楚将唐眛战死，楚国灭亡在即。楚国国君楚顷襄王（《史记 · 西南夷列传》《汉书 · 西南夷两粤朝鲜传》皆误作楚威王）于公元前 279 年派遣将领庄蹻率军通过黔中郡向西南进攻，过沅水，克且兰，征服夜郎，进攻云南，试图包抄秦军，切断其后路，以实现夹击秦军之目的。庄蹻的军队一直攻打到滇池（今晋宁）一带。滇池方圆数百里，旁边的平地肥沃富饶，庄蹻凭借军队的威势平定这里，并且使它归属楚国。黔中郡原曾为楚地，后被秦一度攻占，前 277 年秦派蜀郡守张若再度攻取黔中郡和巫郡。翌年，楚不甘心失败，又调集东部兵力收复黔中郡部分地区，重新立郡以对付秦国。黔中处于你争我夺的战乱之中。正当庄蹻要归报楚王时，公元前 286 年，秦国将领司马错南出巴地，攻占了黔中，阻断了庄蹻东归的道路。

庄蹻雕像

庄蹻归路不畅，便“以其众王滇，变服从其俗以长之”（《史记·西南夷列传》），以一个部落成员的身份，融入当地的部落联盟之中，被推举为滇国的国王，定都晋宁（今晋宁区晋城镇一带），成为一位史书明确记载有名有姓的滇国国王。关于庄蹻入滇的时间，史载有异说，《史记》和《汉书》的《西南夷列传》列为楚威王时事，《后汉书·南蛮西南夷传》则说是楚顷襄王时事。

庄蹻入滇称王后，历经数代滇王。到滇王尝羌时的西汉元封二年（前 109 年），汉武帝派兵进攻滇国，滇王归附。汉武帝在原滇国的版图上设立了益州郡，赐滇王金印，仍然保留滇国的建制和王位。至东汉末年，滇国神秘消失，留给人们太多的疑问。

庄蹻入滇，拉开了外来强势文化开发云南的序幕，云南的封闭状态被打破，云南各民族同中原地区的社会经济文化联系由此深入。庄蹻入滇前，滇国人祖祖辈辈在高原上生活，日出而作，日落而息，在封闭的生活圈子里繁衍了一代又一代人。他们很少有人想到过天外有天，山外有山，更不要说设法获取山外更为丰富的资源了。如司马迁所说："以道不通故，各自以为一州主，不知汉广大。"滇国人一方面在内部争斗中消耗着有限的资源，另一方面又处在自我满足的状态中。因此在数百年间，当地经济社会的发展十分缓慢。终于有一天，这一切都为来自楚国的庄蹻的队伍所打破。庄蹻入滇，还把楚文化，包括楚国所接受的中原文化，带到了云南高原地区，推动了以滇池为中心的云南各地经济及文化的发展。同时，促进了各民族和部落之间的交流和融合，加快了历史前进的步伐，为秦、汉时期封建王朝在西南地区设置郡县创造了条件，推动了中华民族建立统一的、多民族的国家进程。多年来，考古学者在

古滇文化广场文艺演出

晋宁石寨山出土的滇国青铜器

滇池地区的晋宁石寨山等地出土的大量青铜器，与楚地出土文物的型制大体相同或相似，明显地带有楚文化的印记。《史记·西南夷列传》中的“索隐述赞”曰：“西南外徼，庄蹻首通。”庄蹻对滇池地区乃至整个云南的开拓之功，不可磨灭。

航海先驱郑和

郑和（1371—1435 年），明朝太监，原姓马，名和，小名三宝，又作三保，云南昆阳人。中国明朝航海家、外交家。

洪武十四年（1381 年），以傅友德为主帅，蓝玉、沐英为副帅，奉朱元璋之命令远征云南。明军势如破竹，仅用了半年时间就平定了云南全境，正是这次远征改变了马和的命运。

战后，很多儿童成为战俘，而年仅 11 岁的马和就是这些不幸孩子中的一员。不难想象，当年马和的痛苦，无数的梦想似乎都已经离他而去了，但历史已经无数次地告诉人们，悲剧的开端，往往也是荣耀的起点。

明初诸将用兵边境，盛行阉割被俘儿童充当自己奴仆的恶劣风气。可怜的马和不幸惨遭阉割，并随明军来到北方。从此，这个花季少年开始跟随明军四处征战，北方的风雪、大漠

的黄沙，处处都留下了他的痕迹，以他的年龄，本应在家玩耍、嬉戏，却突然变成了战争中的一员，在那血流成河、尸横遍野的战场上飞奔。刀剑和长枪代替了木马和玩具，在军营里，没有人会把他当孩子看，也不会有人去照顾和看护他，在战争中，谁也不能保证明天还能活下来，所以唯一可以照顾他的就是他自己。

燕王朱棣是朱元璋的第 4 个儿子，洪武三年（1370 年）被封为燕王驻守北平。后来，马和被送到燕王府邸充当家奴。燕王府内藏书颇丰，出入官邸的大多是达官显贵和名人学士，胸有大志的马和在干完每天的杂活之后，挤出时间，或练刀舞剑，或苦读各类书籍，从而获得了经世之道和兵法、历史、天文、地理等方面的丰富知识，了解到社会各阶层的政治、经济、文化等方面的情况，学会处理各种人际问题的策略和方法，迅速成长为众多侍仆中的卓然超群者。

1398 年朱元璋病死，建文帝继位，大力推行削藩。朱棣眼看

爵位难保，1399年起兵发难，史称“靖难之役”。此时，28岁的马和已年富力强，成为朱棣的得力干将，他不仅在布阵谋兵上给朱棣献计献策，而且出入战阵，冲闯拼杀，屡建战功。在郑村坝（今北京大兴区）战役中，朱棣正是采用他的计策，连破李景隆七营，以8万靖难军打败了建文皇帝的50万大军，从而扭转了战争局势，为燕王夺取以后的胜利奠定了基础。

难怪朱棣在夺取皇位后的1404年正月初一，悬腕运笔写下了斗大的一个“郑”字，赐给马和为姓，以纪念战功。皇帝赐姓是明代至高无上的荣耀，可见朱棣对郑和的评价之高。同时擢拔他为内官监太监（四品官员），地位仅次于司礼监，这已经是内官的最高官职。

郑和有智略，知兵习战，明成祖对郑和十分信赖，成为朝廷中炙手可热的人物。作为朱棣的臣子，郑和已经得到了很多别人想都不敢想的荣耀。但命运似乎一定要让他成为传奇人物，要让他流芳千古。更大的使命和光荣将会降临到他的头上，更大的事业将等待他去开创。

1405年，明成祖派他率船队出使西洋，从此走上了生命中的巅峰时期。1405年到1435年，郑和七下西洋，完成了人类历史上伟大的壮举。

郑和下西洋是中国古代规模最大、船只最多、海员最多、时间最久的海上航行，比欧洲多个国家航海时间早几十年，堪称是“大航海时代”的先驱，也是唯一的东方人。郑和下西洋是一种国家行为，郑和船队是一支强大的战略

❶ 郑和故里牌坊

❷ 郑和故里亭

力量，明政府派遣郑和船队下西洋显然是从当时国家利益（包括皇帝的意志）和国家需要出发的。郑和下西洋的使命和功绩，概括起来，主要包括 4 个方面，一是推行和平外交，稳定了东南亚国际秩序；二是震慑了倭寇，牵制了蒙元势力，维护了国家安全；三是发展了海外贸易，传播了中华文明；四是开拓了海洋事业，铺平了亚非航路。

西方很早就开始关注郑和，在美国《生活》杂志举办的千年来全球最有贡献的 100 位人物评选中，郑和名列第 14 位，居东方人之首；1999 年 12 月底《纽约时报》千禧年特别策划中，也曾把郑和选为东西方文化交流的象征。

❶ 南滇池国家湿地公园沙雕——和平外交

❷ 2018 昆明郑和文化旅游节开幕式

当西方人还在相信地球是扁平的时候。郑和这位中国的民族英雄已开始其足迹遍及亚洲、澳洲、美洲、印度洋及波斯湾的航海之旅。如今，在整个亚洲，出现了类似于“郑和之友”的多个民间团体。协会成员还建造了郑和“宝船”的模型，向人们展示他当初使用过的航海图。

中国把郑和的首航日期定为“航海日”，郑和开创的航海事迹也成了中国和平发展的象征。

诗书画“三绝”的担当

唐泰（1593—1673 年），字大来，法名普荷，又名通荷，号担当，云南晋宁（今晋宁区晋城镇上东街）人。

唐泰自幼颖悟，13 岁补博士弟子员，善为文，尤工诗赋。明天启年间（1621—1627 年）赴京应试，不第。他从不迷恋于仕途，万历三十三年（1605 年）时补博士弟子员，同年随父北上应选，在金陵初露头角，诗名躁动一时；33 岁时又入京应礼部试，但他本人对于仕途却很淡漠，他的自述诗写道：“俯就明经役，镛下不可留，聊此借公车，实纵五岳游。”这是说以考功名为名，畅游名山大川结交名流为实。他利用考功名的机会，遍游南北，纵览名山大川。并学诗书画于董其昌、陈眉公、李本宁诸大家门下，刻苦发愤，学业精进，充分显示出天赋的艺术才华，受到名家赞赏器重。37 岁时参谒会稽显圣寺云门禅师受戒。看破红尘，但又念老母在堂，故未曾披剃，回到晋宁后守候母亲，5 年后其母去世。崇祯十一年（1638 年），徐霞客滇游时，正值唐母去世不久，在世态炎凉中遇到知己。

1638 年（明崇祯十一年戊寅）八月，徐霞客游滇。事先，陈眉公致信唐泰说：“良友徐霞客，足迹遍天下，今来访鸡足并大来先生，此无求于平原君者，幸善视之。”

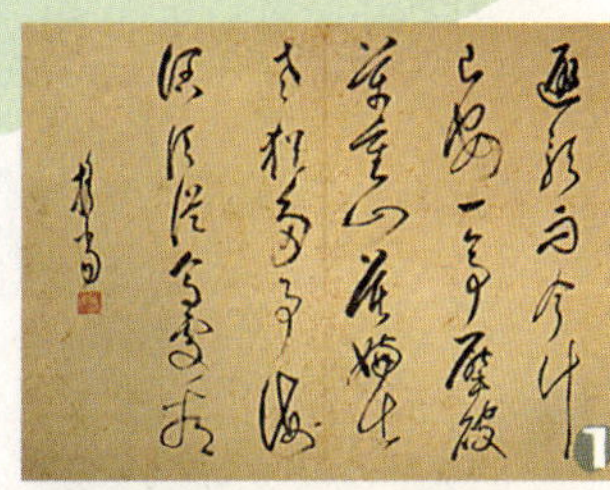

❶ 担当书画作品

❷ 明代诗书画“三绝”的担当和尚

担当书画作品

唐泰接信后，天天盼望。徐霞客抵昆明后，即到晋宁访唐泰，两人见面十分欣慰，共道仰慕之情，唐泰殷勤款待。他们对游历祖国山河有着共同的兴趣，唐泰向徐霞客介绍了他年轻时由云南经广西至内地的情景。《徐霞客游记·滇游日记·四》记述："大来昔从广西出粤西，抵吾地，亦以粤西山水之胜也，为余言：广南府东半日多程，有宝月关甚奇。"霞客在晋宁逗留20天，并请担当为同路来滇病故之人静闻和尚撰《瘗骨记》，担当欣然命笔。霞客与唐泰在晋宁相见，更多的是在诗文方面的交流。《滇游日记·四》载："唐大来为余作书文甚多。"他们互作诗文并互赠，唐泰有赠霞客诗刊30首，可见两人情深义重。分手时，唐泰除分函沿途各地友人关照外，还赠送了旅费。此时，正当徐霞客旅费用尽，唐泰的资助，解决了前进的困难，得继续西上鸡足山。唐泰家庭并非富裕，对友人如此慷慨，徐霞客深受感动，他在游记中称："唐大来，名泰。选贡。以养母缴引。诗书画具得董玄宰三昧。余在家时，陈眉公即先寄以书云……大来虽贫，能来负眉公厚意，因友及友。余之穷而获济，出于望外若此。"

明崇祯十二年（1639年）唐泰遁入佛门，至祥云水目山拜无住禅师为师，法名普荷。他先后两次受戒，因而称会籍云门禅师为先师，祥云无住禅师为戒师，后又赴宾川鸡足山。

唐泰诗书画皆精，时有"三绝"之称，被誉为"滇中第一人"。其诗歌一直为董其昌、李本宁和陈眉公所推崇。董其昌称唐泰的诗"温敦典雅，不必赋帝京而有四杰之藻，不必赋前出塞而有少陵之法。”李本宁说：“清而不薄，婉而不伤，法古而不袭迹，卑今而太吊诡。”陈眉公也称唐泰“灵心道响”，为“当世奇男子”。清康熙十二年（1673），唐泰圆寂于大理感通寺，享年81岁，现感通寺尚存担当和尚的墓塔。

滇中花木兰李秀

李秀（291—?），女，四川广汉人。父李毅，晋武帝太康三年（282年）为南夷校尉，晋惠帝太安元年（302年）兼任宁州刺史驻节晋宁。第二年地方大姓联合反晋，叛军破坏郡县，攻城略地。适值内地也暴发了流民反晋，晋王朝无力顾及宁州，李毅孤立无援，平叛未果而病卒。

天城门村李秀雕像

李毅死后，按照晋朝的世袭制度，父死子承，李毅之子李钊在京城洛阳任职，听闻父亲的死讯赶回宁州，但道路被反晋军队占据，中途滞留，毫无办法。

在宁州烽烟遍地、群龙无首的危难时刻，文武官员认为李毅之女李秀“明达有父才”，推举李秀（时年15岁）代父领州事。李秀受任后，临危不惧，努力征调各郡、县军事力量加强和巩固宁州（今曲靖）城防，誓与州城共存亡。与此同时，及时派出使者赶赴京城，请求朝廷委派新刺史，希望朝廷出兵解救宁州危难。

永嘉元年（307年）五月，反晋势力组织十余万大军合围宁州，宁州局势危岌。李秀率军坚守城池，但终因弹尽粮绝，寡不敌众，城被攻破，被迫转移退守建宁郡城（今晋宁区晋城镇）。此役，李秀损兵折将三千余人。

李秀退守建宁后，放弃已被损毁的建宁郡城，另选一地（今天城门村）筑城固守。在战争中学会战争的李秀悉心军事，

大胆启用在战斗中显露出军事才干的年轻人担任军事将领；虚心征询和听取原李毅幕僚中老谋士们的意见和建议。同时，鼓励农耕，制定新政稳定和召回各郡欲逃离故乡或已迁徙到边地的农户；奖励战功，凡在战斗中表现勇敢的将士，不问其出身门第皆记军功给予嘉奖；抓住敌方懈怠的有利战机主动出击打破封锁围困，在军事上最大限度削弱和消灭敌方有生力量，不断发展和壮大自己的势力，开创守土安民的斗争局面。

最艰苦的时候，李秀被反晋军队围困，城中粮尽，她率领将士掘鼠煮草充饥，顽强困守孤城。面对敌人的围困和进攻，李秀沉着应战，衣不解甲，身先士卒，镇定指挥。经过三年多的坚守拼杀，李秀终将反晋军队打败。后世历代统治者为褒扬李秀保境安民的功勋，赐予她不同名号的追封。隋文帝杨坚封赠李秀为“镇靖夫人”，唐高祖李渊在武德年间诏封李秀为“镇靖明惠夫人”，唐玄宗李隆基改封李秀为“忠烈明惠夫人”，并下诏为李秀修建忠烈庙，御赐匾额。李秀作为西晋宁州的一位女刺史、女将军、女英雄，在特定历史时期为国家的统一和地方民族的安定团结建立了不朽功勋，赢得了后人的敬仰，甚至将她视为神灵，其事迹在民间广为流传。州人将她当年固守的城堡定名为天女城（今晋城镇天城门村），并在天女城建 “仙女庙”，庙内供奉李毅、李秀父女的神像。元代，地方官在晋城西门塘子口修建李秀祠庙，供后人瞻仰致祭。李秀是晋宁正史有传的第一位女将军。

“才高八斗”李因培

李因培（1717—1767年），字其材，号鹤峰，晋宁锦川里（今晋宁区上蒜镇下石美村）人。李因培的父亲李治民，字立人，清康熙四十年（1701年）举人，曾任广东清远县令。乾隆三年，李因培考中举人，后入京考中进士，授翰林院学士。先后出任山东、江苏、浙江学政，刑部、户部、礼部、吏部侍郎及湖北、湖南、福建巡抚等职。

李因培年幼时，即由其父口授“四书五经”、《左传》、《国语》及《庄子》等，他努力学习，皆能背诵。后入塾读书，成绩常名列前茅，被称为“小先生”。9岁时随母迁居昆明，11岁参加童试，补博士弟子员。乾隆三年（1738年）参加乡试，中举人，因家贫无力上京应试。七年后（乾隆十年，1745年），得友人资助，李因培入京考试，以二甲第九名高中进士，选入翰林院，授翰林院者庶吉士。次年参加廷试，取得了一等第二名的好成绩，授翰林学

❶ 晋城镇

❷ 李秀画像

士，三年后被提任侍讲学士，其后出任山东学政。乾隆十八年（1753年）三月担任刑部侍郎，六月兼任顺天府尹。乾隆二十一年（1756年）调任江苏学政，与文学家袁枚（字子才）友善，常诗酒聚会，游山玩水。袁枚是清初赫赫有名的才子，诗词文章遐迩闻名。考取进士后，做了两任县官，四十多岁就辞去官职，写诗著书，安享余年。袁枚在金陵（今南京）江宁县修建“随园”时，广征楹联，均未如意，遂择《兰亭集序》中“此地有崇山峻岭茂林修竹”一句为上联，征求下联，李因培便取鲁昭公十二年，楚王夸左史倚相的话应对，即“是能读三坟五典八索九丘”。袁枚大加赞许，称为“绝对”，立即刻木，在门口挂了这副对联，颇为自豪。他在自己编写的《随园诗话》中说，这副对联在随园“悬之二十余年”。晋宁人也以李因培的绝对为荣，曾将此联刻悬于晋宁象山书院内。李因培才华很高，成为乾隆帝极为赏识的侍臣之一。乾隆二十二年（1757年），乾隆皇帝南巡江苏，看到李因培署理学政，成绩昭著，曾赐诗称赞。其后曾调任浙江学政。乾隆二十八年（1763年）六月，调任礼部侍郎。乾隆三十一年（1766年）出任湖北巡抚，后又先后任湖南巡抚和福建巡抚。每到一地任职，李因培均重视教育，且博学多才，尤精文史，为官清廉，颇得民心，民间有“才高八斗李因培，字压两江马汝为”的说法（马汝为是云南元江人，精于书法，曾任职两江）。

李因培

文字狱是统治者迫害知识分子的狱事，历朝时有发生，以清朝最为严重，其中又以乾隆年间尤烈。李因培才高受宠，为朝中奸佞之徒所恨，加之性刚气盛，大胆反对乾隆皇帝的文字狱，甚至对乾隆皇帝的屡屡戒谕置之不理，最终，被以“属员亏空不实”之罪，降为四川按察使，后改赐死。

李因培家教有方，其子李翊、李翔、孙李浩考中进士，且均进入翰林院，女李含章诗文皆精，李因培祖孙四代名噪一时，被誉为云南第一世家。

❶上联
❷下联

清代第一才女李含章

李含章（1744—1788 年），女，字兰贞，晋宁区上蒜镇下石美村人。系李因培的长女，嫁浙江归安叶佩荪为妻。李含章出身书香门第，学识广博，才华出众，名满江南，被称为清代第一女才子。

李含章从小生活在充满文学气息的家庭里，得益于诗书门第家风熏陶，加之随父宦游南北，得到父亲言传身教，广闻博见，又与兄李翊（乾隆二十二年进士）并案读书，在经史文学方面打下了深厚的基础。出嫁后，丈夫叶佩荪为进士，布政使，也是一名才子，很有学名，可谓一门风雅。她和丈夫历数省任所，行万里路，读万卷书，历几多事，夫唱妇随，学识愈加渊博，加之精于思考，勤于写作，所作诗文，无论古体近体，五言七律，皆卓然成家，名噪江南。李含章的诗，有咏物的“幽姿冷意何从见，谱入琴心仔细弹”，有写景的“海外天光明野马，寰中人影动蜉蝣”，有寄情的“回首音容竟何处，白杨萧瑟惨啼乌”，有怀古的“伤心万里长城在，依旧扶苏伏剑年”，有豪气的“屈赋成时书未焚，书生议论总纷纭，愿将北渚江头水，一洒高唐峡里云”，也有纤巧的“烟淡淡，槐影转，狻猊空，蟾蜍满，花气朴朴帘不卷”。其平生著作，尽皆收入《蘩香草集》内，惜该书虽经方树梅等人省内外多方搜寻，终不可得。其优秀诗作先后被选入袁枚（简斋）《随园诗话》，袁文揆、袁文典《滇南诗略》，方树梅《晋宁诗文征》，以及《织云楼诗合刻》等书中，计 120 余首。其诗题材广泛，风格清雅自然。仅从咏史怀古这部分看，所涉及的人物有传说中的尧、舜，有完成统一大业的秦始皇，有文武兼备的曹操，有力拔山兮气盖世的项羽，有女性方

李含章故乡——上蒜

面的历史人物娥皇、女英、西施、昭君等人，对所写历史人物或赞叹，或讥讽，或褒扬，或鞭笞，皆能抒所感，陈己见，爱憎分明，发而为诗，形象生动，意境深远，令人玩味。清代云南著名诗人袁文揆在《滇南诗略》中评李含章"幼随父任，通经史，善诗文，有班谢家风……真大手笔也。"袁枚在《随园诗话》中更是称赞李含章为"一代闺秀之冠"，品评其诗"见解高超，可与三百篇（指《诗经》）并矣"。

在那个男权至上的时代，女子被排斥在学堂之外，身为封建社会的女性，李含章读书自然不是为了功名，但能在文学上有如此造诣，取得如此显著的成绩，实属不易。评论家认为，"在历代众多的云南省人士中，女强人并不多见，流传的作品更是寥若晨星，能自成一家的女诗人，唯李含章一人而已，她在滇云诗坛上真可谓凤毛麟角，独放异彩了。"她不仅长于诗文，也善于书画，乾隆二十九年立于晋宁盘龙山玉皇阁内的匾额，欧体楷书、字大盈天、笔力遒劲，就是李含章二十岁时书写的，曾受到书法家的好评。据传，乾隆年间浙江钱塘女作家陈端生所著长篇弹词小说《再生缘》中的女主人公孟丽君，其原型就是李含章。

李文耕故里碑

群众心中的李青天

李文耕（1763—1838 年），字心田，号复斋，昆阳街道田心村人。祖父李皎，乾隆元年（1736 年）举人，父亲李赜学，乾隆二十七年（1762 年）举人。李文耕于清乾隆五十四年（1789 年）乡试中举，嘉庆七年（1802 年）会试及第成为进士。李文耕祖上三代举人出身，以李文耕官至贵州按察使皆累赠通议大夫。

李文耕考中进士后，任山东邹平知县时，由于不能顺利施展抱负，推病离任。但因官事牵累，没能回家，仍留在山东。嘉庆十九年（1814 年），山东教民起事。寿张县知县获知文耕赋闲山东并娴于武事，请他到县城协助战备。李文耕在为寿张县训练乡勇、巩固城防等方面尽心尽力，做出了贡献。山东巡抚获知此事后，请他回邹平重任知县。李文耕在邹平五年，治理注重教育感化。有位妇女控告儿子忤逆不孝，李文耕把这当成自身过失而责备自己，那妇女的儿子叩头认错直至流血，他母亲受感动，请求释放儿子，那孩子最终也改正了品行。李文耕善于搜捕盗贼，他多次亲自巡查，彻查窝藏坏人的行为。他曾经说："治理盗贼，一定要有保护百姓的真心，即使不能亲自做到，精神状态方面要达到，声望影响方面也要达到。"李文耕还教儒生们上课，勉励他们努力钻研儒学，百姓都尊称他为"李教官"，又称他为"李青天"。

李文耕调任沂州后，了解到沂郡适合养蚕，他就鼓励百姓兴办养蚕业，他还领导修建义仓以防备荒年。不久他被提拔为兖沂曹道，掌管治河的事情。修建堤防工程时，属官请求疏浚淤积泥沙，预计需要五万两银子，李文耕亲自去视察，说："不必了！待春水涨起的时候，就会把淤沙冲刷掉的。"后来果然跟他说的一样。道光五年（1825 年），李文耕调升浙江盐运使。当时盐业不振，充任盐商的多半是无业游民。李文耕明

知其中的弊端，请朝廷对盐商区别对待，并缓征盐税，以此来缓解盐商的压力。他责令富商总领盐运，不准借口积压而贱价私卖，于是盐税渐渐充裕。道光七年（1827 年），他升任湖北按察使，不久又调回山东。过了三年，李文耕调任贵州长官。他领导开凿了桐梓的葫芦口，以此来平息水患。贵州的物产，没有棉布，他就开设织机局来教当地百姓纺织。贫苦百姓因生计艰难，看重利益，轻视伦理纲常，他就写文章对他们加以劝导，其书取名为《家喻户晓篇》。道光十三年（1833 年），李文耕告老还乡。

李文耕平生把推崇正学和扭转不良风气当作自己的责任，他在山东做官时间长，山东百姓对他的感情最深厚，他死后，人们在名宦祠祭祀他。田心村人民为纪念李公，曾把村名改为李官村，后来李公知道此事后，督促村民重新改名。后又叫心田村，李公仍觉不妥，再叫村民重叫，才又倒过来叫田心。这都是为了纪念李公。

政绩显著的汤曜

汤曜（1860—1920 年）字星轺，晋宁昆阳街道人。他的父亲肇元，清道光二十六年（1846 年）举人，历任广南、广西、东川、临州等县学官。汤曜濡染家学，善制艺，清光绪癸未（1883 年）会试考中进士，先后在江苏金匮 （今无锡市）、东台、泰兴等县任

汤曜故乡——昆阳

职，政绩显著，深得百姓爱戴。

汤曜自幼受家庭影响，好学上进。清光绪八年（1882 年）乡试中举，次年入京参加会试中进士，被委派任江苏知县兼海运局长，任职 7 年，颇有实绩，被加同知衔改任金匮县（今无锡市）令。当时民众仇恨外国传教士，引起烧杀。上司出面调停，由金匮赔款白银六千两。汤曜闻知后，深感为一方父母官，责任在己，遂毅然恳请自己一人赔付，不向民众摊派，侵扰百姓。当地百姓闻之，感戴不尽。后调任东台县令。东台濒临海滨，盛产盐，但因奸商压价，加之海盗骚扰，民众困苦不堪。汤曜到任后，了解情况，采取行动。一是用六十多天处理如山积案，分辨是非，宽严并施，盗匪敛迹，百姓得安。二是引导百姓栽桑养蚕，使民渐富。上司据实奏报，获朝廷传旨嘉奖。

清光绪二十三年（1897 年）调任江苏乡试同考官，后又调任泰兴县令。任职泰兴期间，采取有力措施，打击囤粮奸商，平抑市场米价，使百姓得以安居乐业。后再调任江都县令。江都为扬州首县，事繁案多，他都亲自审理，杜绝冤案，公务繁忙，务求躬亲。以其政绩，朝廷授以三品衔，并以道员候选。

此时，汤曜对内忧外患、风雨飘摇的清政府失去信心，主动要求辞官回乡。获准后，回到昆阳老家，把自己多年的积蓄捐赠给地方，盖祠堂，并在城北置产供祭祀，在里面办学，为乡里子弟提供学习的机会。同时，出千金办织布厂，培养百余纺织人才，在民间推广织布业，深得父老乡亲赞誉。滇省总督奏奖在乡立坊旌表。民国九年（1920 年）汤曜卒于昆明寓所，享年 60 岁。

《云南日报》创始人钱用中

钱用中，字平阶，云南晋宁（晋城）人（1864—1944 年），其父文煌，曾为州椽吏。母吴氏，系新街乡湾村人。清咸同兵燹，城破家毁，乃迁至湾村。钱用中为经正书院内课高才生，辛卯乡试举人，1904 官派留学日本，习速成师范。回国在云南教育会任职，同时担任云南第一份日报《滇南钞报》记者，以文笔犀利闻名报界。从事教育事业 20 余年，为云南政治、思想著名学者，民国时期也曾担任省议员、省府秘书等职。在省教育总会供职期间，钱用中创办了《云南日报》。

钱用中 3 岁丧父，4 岁母卒，家产被长兄赌博荡尽，饥寒交迫流寓昆明，幸得从兄钱沛霖关怀，才免饿毙。钱沛霖曾长年在商号“芝兰轩”门前摆摊卖汤圆，结识商号掌柜，遂将钱用中寄托“芝兰轩”使唤，只求温饱，不计报酬。由于他知艰识苦，脚勤手快，深得掌柜赏识，准其挤一些时间与小掌柜一同读书。他深知机遇之可贵，遂昼夜苦攻，孜孜不倦，奠定了一生学业成就的基础。

清光绪六年（1880 年）参加童试，考中秀才第一名，寄学于昆明文庙。光绪十六年（1890 年）入经正书院深造，许印芳山长（院长）对其极为赏识，提为学长。次年参加乡试，得中举人。光绪二十年（1894 年）进京参加会试不第，仍回经正书院学习，与后来成为滇省名人的袁嘉谷、秦光玉、陈度等人结为良友，朝夕切磋。甲午（1894 年）战败，清廷割地赔款，弄得国穷民贫。钱用中痛国势之日衰，愤而博览群书，探求救国救民之路，写出《政学录》等书。光绪二十四年（1898 年）再次进京会试仍不第，深感科举制度已不适合社会发展需要，必须予以革新，时逢康有为、梁启超在京宣传变法维新，钱用中听了演讲后，深以为是，遂拜康、梁为师，随同开展变法维新活动。光绪二十四年（1898 年）九月十八日深夜，维新派人到赞同维新的袁世凯处，密谋借兵杀旧党首脑人物荣禄，以保护光绪帝推行新政。袁氏满口应承，暗地里却到荣禄处告密。慈禧闻之勃然大怒，迅速将光绪囚于瀛台，同时大肆抓捕维新派人士，钱用中为被捕者之一。后因审问时，钱说话结巴，且衣冠不整，身材矮小状似仆人，主审者以为是无能之辈，杀之无益，就把钱放了。钱脱险后，得同乡之助，辗转经上海、香港、越南回到昆明。后被宏远书院聘为主讲。光绪三十年（1904 年）奉派赴日考察学务，入日本宏文书院学习速成师范。光绪三十二年（1906 年）学成归国，时清政府宣布废除科举兴办学校，钱被任命为云南提学使司实业课长兼总务课长，当时滇省的教育规划，多出自钱之手。后来省设立教育总会，钱亦在内供职。在此期间，钱经过多方筹划，创办了《云南日报》。

辛亥革命后，他继续全力从事滇省教育事业，先后任教育厅总科长、经费稽核委员、省教育总会干事、省师范学校校长、昆明等 11 县联合中学校长。参加过全国教育会议和全国师范校长会议，并任过省议会议员、省政府秘书长、市政府教育局长等职。

钱用中倾毕生精力致力云南教育事业的发展，成绩显著。他逝世后，省政府曾旌以“文行忠信”匾额。

他的主要著作有《思诚斋文抄》《中国社会总改造》《大中华建设新论》《中国宪法草案》等。

文献学家方树梅

方树梅，晋宁区晋城镇方家营村人，生于清光绪七年（1881 年）。其父精通音韵训诂学，著有《诗经音释异同》等书文。自幼聪颖过人，又得到父亲的言传身教，广闻博见。

方树梅 24 岁入昆明高等学堂，28 岁毕业。辛亥革命后，先后任《云丛书》编校员、执行主编、云南通志馆筹备干事、云南大学兼职教授。新中国成立后，历任云南省政协第一、第二、第三届委员，省文物保护委员会委员，省文史馆筹备委员、馆员，

《昆明市志》编纂委员会委员，直至1967年87岁高龄辞世。从清朝末年到新中国成立后的60多年时间里，倾尽心力于云南文献的抢救、收藏、研究和著述，为云南古籍工作做出了不可磨灭的贡献。

云南虽地处西南边疆，但历史文化悠久，有关本省的地方文献浩若烟海，由于种种原因，散失也非常严重。如清乾隆年间纂修《四库全书》时，朝廷下令各省搜寻当地文献供四库馆使用，当时云南巡抚——江西人李湖在寻得多种文献后爱不释手，以“蛮荒边远，无文献可言”为由不予上交，离任时全部带回江西老家。又如清同治年间，一素有书画癖的进士到云南任巡抚，凡看到或听说的他喜欢的书画，均不择手段收罗架上，云南许多珍贵古籍都被他卷走。因此，或以权谋私，或重金收购，云南珍贵的文献资料大量外流，有识之士无不扼腕痛惜。

被时人称为“滇癖”的文献学家方树梅暗下决心，要尽其所能将流失的文献找回来。1934年，变卖田产自筹旅费，又争取公助，只身踏上不远万里寻古籍的旅途。启程时，呈贡秦光义写诗赠别：“网罗文献千秋事，鞅掌风尘万里天。”在万里寻书过程中，足迹遍及粤、桂，苏、浙、鲁、豫、陕及京、津、沪等10余地，每到一地，他顾不上领略名山大川，或寻访古旧书肆，或拜访文人学者、藏书名家，一发现蛛丝马迹，就闻风而动。他白天四处访友寻书，晚上挑灯整理收购的古籍，还坚持每天写日记，最后，完成《北游搜访文献日记》四卷，附《纪游诗》百余首。回到昆明后，

位于晋城方家营村的方树梅故居

方树梅

他乐观自信地写了最后一首诗作为万里寻书的结束语："南北遨游愿不违，半肩文献尽珠玑，生平第一快心事，多少先贤伴我归。"历时一年多寻访购回的图书，共40大箱3万余卷，全部归公交差，受到云南学界人士的好评。

20多岁时，方树梅就开始阅读和收集云南文献，在他所收集到的古书中，有明代杨一清的《石淙诗抄》、李元阳的《即园诗抄》、尹尚廉的《玉案山房诗抄》等，这些散发着云南红土芳香的孤本珍本，都是难得的稀世之作。除此之外，还十分重视对全省各地政治、经济、文化、教育、风俗的研究，他经常到各地考察，搜集购回散藏于民间的地方史料，共收得全省各府、厅、州、县志30余部。他在家乡晋城方家营村建了"南荔草堂"，把所收书籍存放其中，供人们阅读和研究，使云南文化遗产得以保留传承。

不只是收藏古籍文献，方树梅还把收来的片羽残篇进行整理、补充、著述，编撰成书，使之完整。经他撰写、选编和辑录的文史书籍除大型地方文库《云南丛书》外，还有《历代滇诗选》《滇南近代诗选》《滇王庄蹻考》《云南省名考》《滇南学者生卒考》《担当年谱》《陈荣昌年谱》等。特别值得一提的是，他用数十年收集所得的资料，按时代顺序把汉至民国的佳作收录编辑成《历代滇游诗抄》32卷，还把滇南明清两代的碑传编辑成《滇南碑传集》32卷，共收480篇文章，录滇人285人，由北京图书馆交开明书店印行。1946年又续编《续滇南碑传集》，后更名为《古滇人物考》。

方树梅一生博收和整理云南文献，收藏古籍4万余卷，画200余卷，对云南文化发展贡献巨大。新中国成立后，他把所藏书籍全部捐献给云南省图书馆、云南大学图书馆和晋宁图书馆，其高风亮节之举令人称颂。

文化韵 · 晋宁

JINNING

第二章
物华天宝

春秋代序，风起云涌。一个有着 2000 多年历史的地方是厚重的，也是幸运的。同样，一段段晕染着滇文化的精魂和哲思的文字，也是昂扬睿智荡涤心灵的。被南滇池散发的酽酽历史文化气息熏陶着、滋润着的人们，通过心灵与历史对话的启迪与思考，诠释了滇池的前世今生，让阅读者在古村落的柔软时光里，以朝圣者的目光，祭拜晋宁。

滇池前世今生

晋宁之北，中庆之阳一碧万顷，渺渺茫茫。

自庄蹻拓疆于此，始名滇池。天际鬼井分野，史载彩云南现；地界西南一隅，人称谧谷崇峦。是万里云山，起伏跌宕；一湖滇水，源远流长。

滇山云水映沧桑

高原没有海，但它阻挡不了人们对大海的向往，当地人往往把云南大大小小的湖泊看作海，不少湖泊就直接以海来命名，阳宗海、洱海、程海、拉市海……它在给人们以灵性和激情的同时，也成为当地人的生命之源、母亲之湖。因此，人们热爱它、赞美它、歌颂它。

对于只有几千年文明史的人类来说，千百万年太久，而对于已经有几十亿年历史的地球来说，也只是白驹过隙，而人类文明发展几千年的时间甚至可以忽略不计。

如今，当我站在昆阳月山之顶，或是滇池西南岸的老虎山上，让目光穿过历史的尘埃，倒回一千万年的时光，一条美丽的江水蜿蜒曲折从身旁流淌而过，它就是古盘龙江。江边大片的森林、草地里栖居、来往着飞禽走兽。

大约距今 7000 万年，古盘龙江就已经在高原大地上流淌了，那时的盘龙江源头不在现在的嵩明盘江源，水尾也不在现在的官渡

区滇池入湖口。它只是一条过昆明的江，流过现在的昆明城、滇池水域、晋宁区，从晋宁西南部与玉溪市交界的刺桐关流入红河水系。也就是说，古盘龙江是红河的一条支流。也许，晋宁区昆阳现在最大的入滇河道东大河，就是那时盘龙江河床的一部分。

由于长期的流水侵蚀作用，使昆明附近成为宽浅的谷地。约在1200万年以后，云南大地发生多次间歇性的大地震，导致沧海桑田的巨变，后又出现南北向的大断裂。断层线以西，地壳受到剧烈抬升作用，形成六百多米高、山体陡峻的西山悬崖峭壁，似从湖畔拔地而起；断层线以东相对下沉，形成深谷，加之晋宁西南部与玉溪市交界的刺桐关山地的抬升，导致古盘龙江南流通路被阻，积水而成为古滇池。同时，海口地区下沉，滇池水自然寻找周边最低处外排，滇池出流改道海口并且冲刷成现在的海口河，海口河又向西转北流入金沙江水系。

滇池晨曦

大约二百万年以后，滇池基本形成了现在的模样，那时的

曾经的滇池与人

扳罾

滇池北起松花坝，南至晋宁宝峰，东到呈贡王家营，西到西山区马街，昆明坝子是横无际涯的一片汪洋大海。那时古滇池几乎淹没了整个昆明坝子，面积有1000多平方公里。以后，昆明坝子又发生新构造地质上升运动，以及湖底增高等原因导致了古滇池的流出量加大，滇池的水位开始下降，逐渐形成又浅又小的今日滇池。在战国至西汉的古滇国时期，滇池东北岸的水位已下落至1915米左右，今落索坡、龙头街和黄土坡附近的大片丘陵和平地已露出水面。至唐宋时期滇池水位降到了1890米，滇池水面有510平方公里；元朝时云南平章政事赛典赤·赡思丁疏通海口河后，滇池水位再次下降，水面缩小到400多平方公里，他把云南行政中心由大理迁到昆明，在治理水患的同时开始建设昆明城。到清朝时，滇池面积为320平方公里，今天已不到300平方公里。滇池的库容也与面积同步不断减少，今天库容仅 13 亿立方米左右。昆明鱼课司街、云津夜市、官渡渔灯、螺湾蛳、潘家湾、篆塘、西坝、南坝等昆明老地名、老景观记载和印证了滇池水位下降、昆明兴起的历史。晋宁昆阳的大新城、篆塘、墩子等地名也可以看出滇池水位的下降。

在楚将庄蹻入滇前，滇池周边已经有彝族和哈尼族的先民在这里生活了，庄蹻从夜郎（今贵州）进入云南，攻占了滇池地区后，

看到这里有大片肥沃的土地，且生产有了一定发展。后因秦朝夺取了贵州和四川，断了楚兵归路，庄蹻无奈之下便自立为王，掌管滇池地区，号称庄王。晋宁区晋城一带是古滇国和之后的汉朝益州郡的中心。庄蹻建立古滇国这段历史，是滇池周边最早出现的政权，从此，滇池与周边居住者的关系日益密切，滇池也被较多地载入了史册。到西汉元狩元年（前 122 年），张骞出使西域，受匈奴阻隔，汉武帝便派人到云南寻找出使西域的新通路，又被滇王所阻，因当时滇国周围三面是水，雄心勃勃的汉武帝欲征服滇国，便在长安凿“昆明池”演习作战。这就是孙髯翁《大观楼长联》中所写“汉习楼船”的来历。近年在滇池东南岸石寨山等地发掘出土的铜鼓上即可看到滇池荡舟的游乐图。有人立于船头吹芦笙，有人翩翩起舞，有人且饮且歌，这是两千年前滇王时代的滇池写照。

现在的滇池，周围有大小数十个山峰，山环水抱，天光云影，构成一幅幅美丽的天然画卷。西山与滇池是古代地质运动生出的一对“双胞胎”，西山龙门悬崖及石刻是滇池最有代表性的风景，海埂、民族村、大观楼、观音山、白鱼口、老虎山、月山郑和公园、石寨山、小梁王山、盘龙寺等风景名胜依恋着滇池。

环游滇池，既可在晋宁大地追寻古滇王国的踪迹，探索古滇文化的源头；或者登上郑和公园郑和宝船，感受海上巨人的胸襟和眼光；或者到小梁王山感怀梁王兵败大明朝后，投滇池殉难的历史。当然，也可以走进云南民族村去观赏丰富多彩的云南 25 个少数民族文化风情。或者登上巍峨的西山之巅，眺望一碧万顷的滇池千重波涛，湖光山色尽收眼底。顺便拜会聂耳、杨升庵、徐霞客、钱南园等先贤，领略一下太华寺、华亭寺佛教

最美环湖路

文化的博大精深。

滇池调节着昆明“四季如春”的气候、给予生产生活用水和灌溉，也提供了大量的鱼、虾、螺等水产品，滇池周围很少发生地震，也跟滇池地震断层有关，从某种意义上讲，滇池的存在是昆明存在的前提。所以，滇池是昆明人赖以为生的母亲湖。滇池的变化与昆明的政治、经济、文化的发展皆有着密切的关系。

1

① 渔人节狂欢

② 东大河湿地秋色

祭拜晋宁一方水

十多年前，我在上蒜镇的一家企业工作，在节假日里，经常从单位步行或骑自行车二三公里去滇池边游玩。只见轻风吹拂过池水，搅拌起古老青铜锈迹斑斑的味道，阳光照在沙滩、石砾上，推移着金色的故事。生态湿地广阔无边，伴随鸟鸣和山影。池水后浪推送前浪，涤荡着乡土与历史的尘埃，偶尔几点渔帆划过去，打捞起过去往事。

听着滇池的呼唤，我仿佛跟着它，透过千年前的阳光，看到古滇王国的辉煌和汉武大帝开拓江山的雄才大略。穿越 15 世纪的时空，看到海上巨人郑和与父亲马哈只在滇池荡舟。他从滇池这个小小的摇篮里成长为七下西洋、探索大海、豪情壮志撼乾坤的伟人。

梦回几十年前，围海造田运动像一道道枷锁，限制了滇池的自由呼吸。工业废水、生活污水像一个个毒魔，无情地摧残着它的肌肤。滇池，这个面积不到 300 平方公里，平均水深四五米的浅水湖终于在人们“征服大自然”和“敢叫日月换新天”的口号声中失

1

2

去了自净能力，它的光彩和秀丽被一天天的污染所磨灭，这颗高原明珠渐渐黯然失色。

好在，近 20 年以来，滇池的污染问题越来越受到了人们的关注和重视。尽管还滇池以清白的代价是巨大的，但人们已经开始努力。滇池周边 10 多个现代化的污水处理厂堵截了生活污水对滇池的污染，东大河湿地、古城河湿地、古滇精品湿地、白鱼河湿地等 10 多片大小湿地发挥着“滇池之肺”的作用，让池水能够在湿地中自然净化。草海西园出水隧道、引牛栏江水置换滇池、金沙江上游引水置换工程等许多方案和措施有的已经完成并发挥积极作用，有的正在规划和实施当中。

坐落在滇池南岸的晋宁，拥有 53 公里滇池湖岸线，占整个滇池环线的三分之一以上，昆阳、上蒜、晋城 3 个乡镇（街道）围绕着滇池，依水而建，因水而兴。可以说，晋宁古滇文化、郑和文化，是滇池乃至昆明文化的重要组成部分，晋宁引以为自豪的两张名片：古滇都邑、郑和故里，也是出自滇池水的结晶。清朝乾隆年间，名士孙髯翁来到昆明滇池，在大观楼上心有所感，挥毫而就 180 字《大观楼长联》，成为千古第一长联。联中的“南翔缟素、四围香稻、万顷晴沙、九夏芙蓉、三春杨柳、汉习楼船”就是写滇池周边晋宁的美景和历史。在这片神奇的水边上，一个叫庄蹻的先人，战刀一挥，荒蛮的滇山池水，就为文明与兴盛让路。曾经一个叫郑和的老乡，船帆张扬出滇池，舀一瓢滇池水就染黄了西边的大洋。这一汪明净凝神的眼眸啊，为了等待心目中的想往，在高原上坚守、忠贞了千百万年。为了这一份真情与荣誉，一片名叫晋宁的红土地，运水而生，因水而繁荣，用五百里明镜，梳妆成大家闺秀的模样，屹立在高原之上、风云之下。

晋宁也是滇池渔猎活动的重要场所和发源地。几千年来，晋宁先民伴水而居，以农耕、放牧、渔猎为生，过着平淡又安逸的生活。因而保留并传承着独具特色的渔猎文化，也积累了很多食用和保存鱼虾的好方法，渔民把吃不完的大鲤鱼、鲢鱼、草鱼、鲫鱼等腌制以后晒干，或者切块以后用瓦罐做成糟鱼，可以长期保存，慢慢享用。幼小的鱼虾可以做成鱼虾鲊、鱼虾酱，也是一道美食和咸菜。晋宁更早的

❶ 清末民初昆阳湿地

❷ 扬帆起航出大海

先民还曾经把螺蛳和贝类作为主食，把大量食剩的贝壳和螺蛳壳抛弃并堆积在村子边上，长期以来和泥土混合，形成了贝丘。由于贝壳中含有钙质，致使往往几千年能保存完好。在贝丘的文化层中还夹杂着各种食物及烧柴用火的残渣以及石器、陶器等生活用品，还往往同时发现房基、窖穴和墓葬等遗迹。现晋宁上蒜镇的石寨山、河泊所、西河村还保留着较多的贝丘遗址，以至于当地村民取土筑墙建盖房子以后，墙壁上夹杂着大量的螺蛳壳和贝壳。成为一道特有的景观。

如今，农耕和渔猎已经不再是人们生存的必须，但晋宁滇池周边的村民依然保留和传承着各种各样的渔猎习俗，并且融入了现代生活气息，他们每年都会举行各种仪式祭祀龙王、鱼王，感恩滇池的给予，以企求风调雨顺，下湖平安。最有代表性的是旧寨村的“渔人文化节”、渠东海埂村的“祭龙节”和七彩云南·古滇名城的“开渔节”，以及滇池周边众多村子的“米线节”。

以前每年的农历六月二十八至农历七月十八，晋宁昆阳的每个渔村都要举办类似的活动，祈福风调雨顺，来年有个好收成。村子里张灯结彩，平日劳作在田间地头的老少乡亲们也会换上节日的盛

装，载歌载舞，十分热闹。旧寨村地处昆阳街道北边，东邻滇池，“渔人节”活动已经有上百年的历史。作为渔民的传统节日，“渔人节”最吸引眼球的是“摸鱼比赛”，参与摸鱼比赛的选手们分为少年组、妇女组和混合组。当一筐筐新鲜的鱼儿被放入池塘，选手们就争先恐后，纵身入水，有的用网兜、有的用脸盆、有的用编织袋，个个弓着身子，专心致志地“摸鱼”。泥塘边站满了观众，不停地为选手们呐喊助威。每一场摸鱼比赛，鱼塘里都会有一条最大的鱼王，抓到鱼王的选手十分兴奋，都会举着大鱼向围观的群众炫耀。“渔人节”活动还有文艺表演、品尝本地特色美食和篝火晚会等。

每年农历三月初三，在享有“高原夏威夷”美称的晋宁南滇池沙滩公园，渠东海埂村主办的“祭龙节”总会热闹上演。人们穿上传统的渔民服饰，举行祭龙大典仪式、划轮胎比赛（用轮胎代替小船）、撒网捕鱼体验、文艺表演等丰富的节日活动吸引着各地游客、观众上万人前来观看，百年小渔村知名度也因此大幅提升。渠东海埂村已有百余年历史，村子最初是滇池周边以打鱼为生的渔民落脚聚居而成，靠山吃山靠水吃水，逐渐形成了独特的渔猎文化和习俗。村里每年下湖捕鱼前，都会在三月初三举办祭祀龙王活动，祈祷家人下湖平安，生活美满幸福。“祭龙节”，可以展示渔村独特风情，弘扬民间传统文化，吸引更多的人认识晋宁，促进乡村旅游的发展。

为了保护滇池，这些年来，滇池捕鱼只能使用人力帆船，并且有规定的开渔时间限制，每年滇池开湖时，晋城镇新街附近的渔民都会举行“开渔”仪式。数百艘渔船同时在鞭炮声中扬帆划入滇池深处，非常壮观。自从七彩云南·古滇名城建设以来，每年的“开渔”仪式集中在七彩云南·古滇名城举行，形成了更为正式的“开渔节暨古滇渔文化旅游节”。当天，伴随阵阵锣鼓声，在市民的齐声呐喊中，停泊在云南古滇艺海大码头栈桥外的百余艘渔船扬帆起航，扑向滇池母亲的怀抱。等

渔光曲

有了收获，又会把捕获的鱼拿到岸边统一的渔产品展销会开卖。主办方还会评出当天捕获最大鱼的人为鱼王，颁发给鱼的主人证书，并进行现场竞拍。“开渔节暨古滇渔文化旅游节”系列活动还有渔猎文化展览、摄影比赛、长街全鱼宴、民间才艺大赛及游园活动等。

晋宁区处在滇池南岸，是滇池的上风上水，也是一块正待开发的处女地，更是一位等待梳妆打扮的美女。如今的晋宁，郑和公园、南滇池国家湿地、古滇历史文化名城的建成，又正好赶上撤县设区的大好机遇，大昆明的发展理念正式从翠湖时代进入滇池时代，晋宁的滇山池水将映照出不一样的乡愁故事。晋宁的绿水青山埋藏着金山银山，美丽神奇将承载国际康养旅游新区的繁荣。

清新脱俗的晋宁啊，又将再次华丽转身，融入昆明主城，走向新的征程。作为一个土生土长的晋宁人，找遍所有华丽的词汇和语言，都难以概括和形容你的新姿和大美。千百年来，我的祖先已经融合进这片土地，我的根须、血脉和荣耀，也早已经和你一起盘根错节、无法分离。我愿意消融在你温柔的情怀里，用我漫长而又短暂的一生，不远不近，静静地爱着你、守候着你，直到天荒地老。

落霞与群鹜齐飞

1 滇池农耕

2 现代农业

滇池南岸山水情

在云贵高原苍茫的大山里，散落着一些璀璨的明珠，而其中最耀眼、最闪亮的就是滇池了。

让我们撩起历史的睫毛，竖起岁月的耳朵，迎候古老时光的降临：“汉习楼船，唐标铁柱，宋挥玉斧，元跨革囊。”茶马古道上的铃声，瓷器的细腻，青铜的光芒，古滇国的战鼓，篝火点燃，图腾上升，蒙古男人把匝剌瓦尔密从小梁王山一跃而下，滇池周边从此不见白狐芳踪。围海造田，喷吐黑雾的烟囱，肆意流淌的污水，暴戾的蓝藻，战天斗地的狂妄让香稻失贞，芙蓉掩面，杨柳悲泣。

摸着石头过了河，水仍在流淌，石头仍在等待，而历史记住了双脚，脚则探出了岁月的深邃，灵魂的浩瀚。滇中人民用信念撑起理想，撑起蓝的天、白的云、清的水，撑起家的温暖、人与自然和谐相处的画面。红土高原风去雨来，滇中大地年年返青。

湿地是一味疗伤的药。

晋宁区一共有 25 块湖滨生态湿地，占地 1709.43 亩的东大河河口湿地为目前昆明市最大的河口湿地。

那是怎样一番让人心醉的景象，似乎只在梦里见过。高大、笔直的水杉像一排排尽职尽责的卫兵，守护着湿地的安宁；垂柳不是夕阳中的新娘，倒像个佝偻着身子的媒婆，时而摸摸睡莲的小脸，时而扯扯美人蕉的衣袖，犹似在筹划着一桩姻缘；菖蒲下半身全在水里，只好抱团取暖，又因为鼻子斗着脸而叽叽喳喳吵个不停，连风也无法调解。

浓厚的芦苇是否藏着太多的秘密，你要遮掩什么？透过你的缝隙，我能否窥见一些岁月的无奈与沧桑。忽然，扑啦一声，一道白光闪过，哇，是只美丽的白鹭鸶，展开翅膀，箭一样射向未来，射向水天一色的苍茫。

而蹲在那一排木桩上，花朵一样开放的，必定就是他的芳邻了，身披白纱，穿着红色高筒袜，嘴唇涂着猩红的唇膏，人们叫她红嘴鸥。红嘴鸥从遥远的北方来，苦苦寻觅，终于在昆明找到了一个温暖的冬天。

入湖口美景

东大河湿地像一幅只展开了一半的画卷，清澈的湖水、苍翠的树木、碧绿的茭草、艳丽的莲花，小桥、流水、夕阳，这些都是显而易见的，静态的美。而有些美是隐藏着的、动态的，不是你轻易就能见到的，就如那只水秧鸡，它忽然从水草丛中窜出来，就可能吓你一跳，在你还未回过神来，它已挥舞着翅膀，双脚啪啪啪地踩着水面向另一蓬水草跑去，那是真正的铁掌水上漂。还有一种水鸟，海边人称为“水葫芦儿”，巴掌大小，这灰不溜秋的小家伙整天卧在水面上，动也不动，就像滇池的一颗美人痣。人走近它时，它吱的一声钻进水里，半天不见动静，让人站在岸上为它牵肠挂肚，宝宝，你是鸟不是鱼，快出来吧，别淹死了，还是不见动静。硬了心肠打算走开时，它又从几十米外的水面钻了出来，静静的又卧成那颗销魂的美人痣。

东大河就在这九曲十八弯的湿地里穿行，除掉面具、卸下盔甲、洗去尘埃、剔出欲望，当它温柔地进入滇池时，已是从火中涅槃的凤凰，冰清玉洁，犹如处子之身。

这才是我多年一直在寻找的梦中的河流，超然的，恬静的，它睡着，万物与它同时入静，同时入梦；它醒时，整个世界都活泛了，百花竞放，蜂飞蝶舞，鱼翔浅底，鹰击长空。

蓝天是掉进了水里，白云掉进了水里，风也掉进了水里，只有阳光太热情，犹在水面噼里啪啦地燃烧，反射着鱼鳞的光。

在这料峭的尘世，清澈的灵魂有了安息之地。

入夜，月光洒遍大地，东大河躺在滇池的怀里，枕着她的玉臂安然入睡。

悄然走进东大河湿地，不仅可以养眼、养耳、养心，假如运气好的话，你还能邂逅到一位绝世美女，她也许是你梦中也未曾见到过的精灵，她就是曾被认为已非常濒危甚至在中国绝迹的彩鹮鸟。

彩鹮为鹮科彩鹮属的鸟类。体长 48~66 厘米，翼展 80~95

❶ 鲜虾交易
❷ 鱼眼看世界

厘米，体重485~580克。颈、上背、肩和最内侧翼上覆羽色深。头部除面部裸出外皆被羽，体羽大部为青铜栗色，修长的体型，栗紫色的羽毛，在阳光照射下闪耀着绿色的金属光泽，光泽随着彩鹮的移动变化多彩缤纷，很是美丽。飞行时头颈向前伸直，脚伸出到尾羽的后面，主要靠两翼鼓动，但其间也进行滑翔，飞行时呈密集的小群或呈拖长的“V”字队形飞翔。两翅扇动较快，滑翔技巧亦很好，善飞行，通常飞行距离较远。有时飞得很高，然后又头朝下的急剧落下。有时为了探觅水底食物彩鹮甚至将整个头部完全浸入了水中。彩鹮的叫声是带鼻音的咕哝声或咩咩、咕咕的叫声。主要栖息在温暖的河湖及沼泽附近，喜群居，而经常与其他的一些鹮类、鹭类集聚在一起活动，以水生昆虫、昆虫幼虫、虾、甲壳类、软体动物等小型无脊椎动物为食。尽管彩鹮只是国家二级保护动物，可由于曾连续多年未在我国观测到，中国濒危动物红皮书一度宣布彩鹮在我国绝迹，它在中国的数量比它的近亲国家一级保护动物朱鹮还少。

栽下梧桐树引得凤凰来。在东大河湿地发现彩鹮，是对滇池水域生态环境恢复良好的铁证。

“两个黄鹂鸣翠柳，一行白鹭上青天。”彩鹮、白鹭、红嘴鸥、水秧鸡，每一只水鸟都是一首诗，那源自灵魂深处的歌声，那展示生命壮美的舞蹈，完美地诠释了人与自然和谐相处的意义。这是鸟的天堂，心灵的港湾，我们共同的家园。朋友，当你在东大河芦花飞舞的湿地公园里徜徉时，请把脚步放轻、再放轻，别惊扰了那些藏在芦苇深处安详的美梦。

在这里，时光不再流淌，凡尘不再喧嚣，世界不再荒芜。

在这里，只有梦想的种子在发芽，灵魂的云朵在怒放，精神的源泉在奔腾。

再说说这湖畔小城昆阳，因为小，可以撒娇，可以任性，可以得到宽容，可以得到原宥，得到无原则的宠爱。

三面临山，一面傍水。昆阳犹如一个住在小楼上，床铺挨窗的慵懒女子，当太阳照进窗子，她只需揉揉惺忪的眼睛，伸出脚尖挑开窗帘，就可以饱览街市的风景、人间的凡尘。而最美的就是她身穿睡袍、徒举袖衣的姿态，半梦半醒、似醉非醉的神情，好像在回味昨宵缠绵的甜蜜，又或感

东大河湿地

慨春梦的易逝。

昆阳之妙，妙就妙在一个小字。小城小街，小户人家，小家碧玉。三五平方千米的坝子，堪堪合昆阳扭动柔软的腰肢，婀娜地起舞。麻雀虽小，五脏俱全。一个县城该有的她都有，是一个古典与现代化的结合体，城市与乡村的交融地。KTV与广场舞并存、大型超市和农贸市场共荣，城里大车和畜力车不通行，以前街子天那乱麻麻的景象已不复存在，整个小城显得那么安详和恬适。

城小，无公事缠身之人出门办事就不用坐车，逛着去，目的性不是很强，沿街看看美女，顺路再吃碗凉米线。不急不急，人生路上的风景慢慢赏。城市的性格就是人的性格。城市大了，容易迷路；目标大了，容易迷性；欲望大了，容易迷

❶ 晨光倒影——水景公园

❷ 俯瞰昆阳区城

魂。对于我等小民，住在这小城里，讨点小生活，度点小光阴，过点小日子，足矣！诚然，过的虽是小人生，但要有高境界，坚守悲悯，心念感恩，感知时代疼痛并用信念实现梦想。

哎哟，不知这城是从哪阵风里蹦出来的，这山是从哪片云里跌下来的，城轻轻的倚着山，山温柔地拥着城，天设地造的姻缘，关人何事？

长松山托着昆阳城，昆阳城抱着月山。

月山很小，被昆阳城放在手里把玩着，像孩子心爱的玩具，不忍释手。月山上是郑和公园，山上风景秀丽，林木苍苍。三月天樱花灿烂，游人如织。登三宝楼，北眺滇池，东望凤踪，南看长松，俯瞰昆阳，大有人世沧桑、天地悠悠之感慨。

东面的凤踪山，是一座有故事的山。

凤呀凤，你飞就飞了，偏要留下些踪影，让后人去想、去猜、去寻。滇中的山，大都不雄伟、不险峻、不陡峭，重要的是不荒凉，通体透着葱翠，就如这凤踪山，有了传说，身价就不一样了，落户在晋宁区的第一所大专院校就选择在凤踪山下，也许是要让莘莘学子也沾沾凤踪的仙气。

传说凤踪山上有奇兰，兰花开时，香飘昆阳，但没人能找到那苗兰草。据说民国年间一个县太爷酷爱兰花，在凤踪兰香时派一个连的士兵从山脚向山头展开地毯式的搜索，搜了三天，愣是没找到那株神奇的兰花。正所谓：此香只应凤踪有，昆阳能得几回闻。

说起昆阳的山，不得不提到西南面的长松山。长松山左边连着青龙山，右边连着白虎山，隔着昆阳城与东边凤踪山遥相对峙，林木苍翠，浓荫蔽日，景色宜人。灵光湖水，清澈如镜，碧波荡漾，素有长松胜境之称。

长松山新鲜而神秘，这山上的一草一木、一树一花，来得都是那么温婉、那么自然，春天繁花似锦、夏日绿波汹涌、秋季硕果累累、严冬落木萧萧，不偏不倚，每样都落在季节的点上，细心、体贴，让劳累的昆阳城枕着她的臂弯，酣然入梦。

长松山新鲜，千百样花草，你认得多少；千百样动物，你识得几种；更有那须用心聆听的山音：春芽爆土，小草拔节，松果坠地，花开花落；小鸟婉转而鸣，清泉如泣如诉，山风呼啸似鼓；还有那松鼠嗑榛子的声音，野兔啃青头菌的声音，蜜蜂吮吸花蜜的声音。这样的天籁之音，要怀有一颗自然之心，方能听之。

长松山神秘，山上有个情人谷，里面有股甘甜的山泉汩汩流淌，这泉水干净呀，从白垩纪婉转地流来，流过彝人的火塘，流过庄蹻的马蹄，流过郑和的帆船、担当的禅杖。来吧，朋友，用碧绿的野洋姜叶舀一叶喝下，解除尘世的疲惫，冲掉心灵的尘埃，你会神清气爽、飘然若仙。

昆阳的山有眼，清澈明亮，含情脉脉。酸水塘、洛武、双龙，高原的小湖泊，碧玉一样嵌昆阳的额头，让这美男子更显丰逸俊朗。雨水充沛的年月，这小湖的水悠悠地淌入大沙河，大沙河载着这山水的情意从昆阳城穿城而过，再缓缓地流进滇池，能否到东海，就看它们自己的造化了。

山水有情处，天地对饮时。

昆阳因为滇池的滋润而秀气，滇池因为昆阳的倚靠而灵动。

滇池肯定是偷饮了半杯，羞红着脸，将盈盈的胸脯轻轻地贴在昆阳的后背。而昆阳像个羞赧的男孩，想浪漫一下，又怕张扬，硬是不敢伸出手去，搂一搂滇池白玉般的肩头。欲迎还拒，跟滇池保持着一种说不清、道不明的暧昧关系。而那湖边的柳，真的是不胜酒力，早已醉了千年，在城与水之间充当第三者，时而摸摸昆阳的脸，时而抚抚滇池的发，仿佛在表露那把盏交杯之间的真性情。

前人怕有伤风化，用一道石头和水泥浇灌的防浪堤切断了城与水之间的爱恋，从此，城不懂水的伤悲，水不知城的疼痛。其实，都是红尘中的痴儿女，亲密接触一下又何妨？

防浪堤的拆除，犹如拿走了法海的禅杖，有情人终成眷属。水土一旦交融，旺盛的生殖力让人惊叹，短短几年，便生出了水草，生出了鱼虾，生出了钓叟，生出了水鸟，还生出了爱情。不信你看湿地公园那只翩翩的白鹭，你猜它是从唐诗中来，还是从宋词中来？相中了昆阳这块风水宝地的鹭，是聪明的鹭，有情有义的鹭。不信你再看柳荫下那对年轻男女，十指紧扣，相依相偎，情话绵绵，只要有爱，再苦的生活，都会香醇动人。

年轻就是最大的美丽，一切都可以抛洒，可以浪费，可以虚掷，因为有时间重来。昆阳年轻，滇池年轻，老朽的是我等凡人，好在香火有继承，历史有定论，文章有延续。

当夕阳微笑着从长松山的后背滑下，喧闹的小城也安静了。

古村落里的柔软时光

对很多古村落的认识，大多源于色彩。

每一个古村落，都涂着时光沉淀的特别色彩。

如果你没有太多时间去探寻它们，那么也不必沮丧。

在昆明周边，就藏着你知道或不知道的特色古村落，不必远行，风光依旧美好。

时光柔软，如手里沙，河中水，一不经意就会悄然流逝，让你来不及感叹便已物是人非。能把美好时光珍藏在灵魂深处的人，才是真正葆有乡愁的人。

只要你有乡土情结，大抵都会情不自禁把乡村当成自己一生的故土，热爱她，追逐她，眷恋她，在理想与现实交织重叠的困顿里，甚至还可能嗔怪她，厌倦她，通过寻找与发现，时光可以做证，人生，也才会有酸甜苦辣的甜蜜，悲欢离合的充实。认知是认知，认同是认同，通常都是泾渭分明的，任谁也无法盖棺定论。分水岭一隔，得失在心，冷暖自知。只要有心有情，揣在怀里，焐烫的，一定是才下心头又上眉头的万千情思。说传统村落，为什么一定要把时光定性在柔软的语境里呢？这是有缘由的。传统村落，是乡村历史文化的活化石和自然遗产的博物馆，保护和发展传统村落，是尊重传统文化、增强文化自信，增强民族凝聚力的必由途径。对于传统村落的认知意识，就大多数地区而言，恐怕目前还远远没有达到这个高度。在是否有真正意义上的抵达这个漫长的过程中，很多地方，很多人，最终只能面对“失去”，而非会有“得到”。

中国是个农业大国，农业人口占了全国总人口的绝大多数，在农村出生，在农村成长，在农村生活过的人，离开村庄很久以后，遥想沧海桑田话古村，桃花源里寻胜境的过往，传统村落里的人和事，传统村落里的点点滴滴，稍有不慎就会勾起心中的念想，涌动记忆的热潮。散落在中国的数千个传统村落，就是农耕文明留下的自然遗产，也是人们返璞归真、回归自然的最后一块净土。一个不争的事实是，随着社会经济发展与城镇化建设的冲击，加之村落年代久远，不少传统村落不仅没有得到保护，反而正在逐步退出人们的视野，退出曾经多彩恢宏的历史舞台。传统村落危在旦夕，这样的呐喊，一点也不为过。要寻找传统村落里的中国故事，要寻找乡土间的脉脉温情，抛开了这些留得住乡愁的活化石和博物馆，无疑是隔靴搔痒，纸上谈兵。不忘初心，不能让传统村落越来越少，不能让

①

回忆只剩下叹息，已经成为社会各界和有识之士的共识。

截止到 2017 年，昆明市共有 21 个中国传统村落，其中晋宁区有 11 个列入中国传统村落保护名录，分别是双河彝族乡的双河营村、田坝村，夕阳彝族乡的大摆衣村、鸭打甸村、雷响田村、一字格村、打黑村、木鲊村，六街镇的新寨村、干海村，晋城镇的福安村。以双河彝族乡和夕阳彝族乡为代表，晋宁区的传统村落布局较为完善，相对而言，保护也较为完整。彝族是晋宁历史悠久的世居民族，从出土文物和大量的彝族文献可以看出，位于滇池附近的晋宁是云南彝族的发源地之一。在长期的民族对流、迁徙过程中，彝族逐步向山区退居，明朝期间，大量汉族军民入滇军屯，加之民屯以及改土归流加剧，彝族就退到了比较边远的夕阳、双河一带生存栖息。二街镇响水村、六街镇新寨、干海等地，也有彝族居住，在语言、服饰、文化艺术、

饮食风俗习惯、节日、民居等方面，还保留着鲜明的彝族特色，明显的地域特点。尽管地处偏远，但彝族人民天生勤劳善良，世世代代都有不屈的进取精神和仁者乐山、智者乐水的自然情怀，从往昔的草冷水枯，累累荒山，到今日的满眼叠翠，山水田园，不难看出，彝族人民特别能吃苦、特别能吃亏、特别能吃气的“三吃”韧劲，已经把亘古杂草丛生、无人问津的荒山野岭，变成了林木葱茏、花果飘香的福地洞天。双河、夕阳的彝乡人民，或依山撷其秀，或傍水取其悠，各有所居，尽管很多富裕的群众拆了老房盖新楼，小别墅也在山野间呈现出雨后春笋之势，但大多数人家依然习惯安然恬淡，一些村寨甚至在新农村建设持续推进过程中，继续保持着传统的习俗，彝家人的风物标志，大到村落布局、民居设计，小到民族文化娱乐广场，哪怕就是一根电线杆，都涂上了彝族特有的文化符号，每一个地方都可以看到独具匠心的创意。人生多累，百忙难得一闲，很多市井中人，每逢双休或者节假日，都喜欢远离尘嚣，来此小憩。或一日游，或数日居，颐养性情于山水之间，静悟人生于喧闹之外。春有山花，夏有绿荫，秋有硕果，冬有暖阳。仁者见仁，智者见智。兴之所至，找一个特别对的

❶ 茶马古道
❷ 核桃园村

时间，和特别对眼对心的人，到传统村落里走走、看看，面对一户户清代留存下来的民居老宅，睹物思人，犹见沧桑流年，不得不让人赞叹，云南的高原情怀，云南的大山精神，孕育了晋宁彝族人民的古今文明。党的好政策，让夕阳彝族乡小石板河村、赖家新村发生了翻天覆地的变化。一直以来，这里都以其低海拔、热河谷地带的气候特点和地理环境成为一道抢眼的旅游风景线。

古人诗中描述的“谁道人生无再少，门前流水尚能西”“一水护田将绿绕，两山排闼送青来”“惟有南风旧相识，偷开门户又翻书”“枕上诗篇闲好处，门前风景雨来佳”等等场景，在类似晋宁的传统村落里是有迹可寻的。之所以这样说，是因为一旦到了晋宁，在传统村落里走走，你的确可以在这里找到一条时光的小道，一条怀旧的乡愁之路，可以聆听到茶马古道上的山间铃响，可以看到驮着谷物在纵横阡陌的田埂上缓慢行走的老牛和山坡上云朵一样移动的羊群。而传统村落较多，首当其冲的就是夕阳彝族乡了。在这里，每一个人，很容易进入一种物我两忘、世外桃源的境界。彩

云追夕阳，青山映碧水，梯田绕山梁，歌舞美名扬，亿万斯年恐龙乡。有嘴就会唱歌，有脚就会跳舞，是夕阳人民对自己的最美定位。在这个如诗如画、太阳眷顾的地方，民风淳朴，民居年代悠久，走进夕阳的村村寨寨，总有一种心绪，总有一种景致，会让人无端地放松自己，可以忽略时间的存在。比如打黑村，这里的村庄依山而建，“半月古村”是打黑村落整体格局的一大特色，村街、巷门、水井、古树、田野，构成了独特的传统环境要素；比如一字格村，这个小村庄坐落在山箐中，背倚马鹿山，早上登高远眺，常常云蒸霞蔚，时而重彩泼墨，时而轻描淡写，云遮雾罩中，慢慢展现一幅山水画卷，好不快意；又比如大摆衣村，村口的古楼，造型独特，年代悠久，想去一探究竟的外地人，自然多得不计其数，这里的传统民居保存也较为完整，村民的房子多用石头和泥土夯筑而成，上覆青瓦，下有木楼，冬暖夏凉，颇有情趣；再比如彝汉同居的雷响田村，这里的村民和其他地区传统村落的村民一样热情好客，村落格局保存较好，四合院类的房屋由上到下依次坐落，土木结构的瓦房，彝族文化墙，这些独有的风物，都可以让人抚今追昔；还有，喜欢传统村落的，一定得去看看夕阳彝族乡的鸭打甸村，如果遇到雨天，特别是细雨纷飞的雨天，当雨雾漫过村庄，那真正可以称得上是神仙的居所了；最后要说的，当然是夕阳彝族乡的第一大村——木鲊村，这个古村落建于清代，是昆明市保存彝族传统民居最完整的村落之一，这里历史遗存集中，村落风貌斑驳纯粹，古民居的布局呈现的，是彝族建筑的典型代表，历史风味浓郁。

此外，国家级生态乡镇六街的新寨，村容村貌整洁，生态环境优美，同样文化氛围浓厚，文化底蕴充足，村内的百年古树、古寺和古建筑讲述的，也是一些柔软的悠远时光。在古滇重镇晋城的福安村，传统的建筑有建于雍正十年的悲愍寺，建于光绪十四年的关圣宫。福安村坐南望北，依山而建，村中

官井的传说

央有一条青石板铺成的路面，从有村落到现在，一直都是村里人出入的必经之路，也是村民赶集的地方，在这样的老街上感受民间闹市，亦有时光倒流的感觉。街道两边，是传统民居，均为土木结构，瓦屋面，有部分民居内还存有雕刻精美的木制品。天井用青石板铺成，具有一定的历史价值和艺术价值，保存相对完整，而且建筑物较为集中。行走在这些传统村落里，很多人会不约而同在想同一个问题，那就是传统村落的保护与发展之路如何走。而当前，就整个昆明地区而言，普遍存在的现状是，对传统村落文化资源的稀缺性和不可再生性认识不足，意识淡漠，造成村落文化资源自然性毁损，许多传统村落的格局风貌、生态环境不断遭受破坏，一些民间民俗文化濒临消亡，不少传统技能和民间艺术后继乏人，面临失传危险。当前，传统村落甚至更广泛意义上的农村的凋敝没落是一个普遍趋势，由于生产技术提高解放了大量农村劳动力，城市化、工业化集聚吸收加速了农村人口大量外流，加之通讯、物流发展，传统乡土社会的封闭性被打破，生产生活的内容和需求更加多样化，乡土建筑在物质层面的实用功能逐步老化和减弱，带来实用功能下的淘汰在所难免。在晋宁，同样不容忽视的是，列入传统村落保护名录的村庄大多数位于偏远山区，普遍呈现空巢化、老龄化境况，许多古建筑和设施都出现了物质性老化和功能性衰退，传统村落在传统与现实中寻找发展突破口的难度很大。虽然，在中央和省市县（区）各级的共同努力下，一些保护与发展的工作得到了相应重视，但落实推进不均衡。笔者在调查采访中了解到，按照规划先行，统筹指导、整体保护、兼顾发展、活态传承、合理利用、政府引导、村民参与的原则，晋宁区已经制定了《传统村落保护规划》编制，并对这些传统村落进行了挂牌保护，下达了保护资金，从改善传统村落人居环境、提高人居质量的高度，积极实施环境保护工程项目和修缮计划。更让人欣慰的是，晋宁区还与昆明理工大学和香港中文大学联系，请香港中文大学对国家级传统村落夕阳彝族乡大摆衣村实施“一专一村”农村可持续发展支援计划，第一批选择 3 户农户建设 3 栋夯土建筑房屋作为该校的夯土建筑建设示范试点，使传统村落既能保持原有风貌不被破坏，又能改善村民的居住条件，较好的试点建设效果将在晋宁区传统村落中得到推广和应用。

诚然，值得引起重视和关注的是，有关专家指出，传统村落中包含着历史形成的、具有唯一性的传统价值和记忆秩序，如果简单地以新带旧、寻求物质利益和功能的满足，消解的将是历史形成的文化主体性、认同感、凝聚力和特色文化资源的发展动力。很多人，对农村文化缺少认同和尊重，甚至将农村、乡土作为鄙夷嘲谑的对象，将农村视为需要从城市“送文化”的贫瘠地带，这种缺少自觉和尊重的所思所为，是对文化历史传统的某种背弃，也是我们不能深入到文化层次加以传承、建构、营造和驱动发展的原因。传统村落要生生不息地发展下去，不能仅仅依存于自上而下的名录体系，必须建立村民主体的文化自觉与参与机制，加以文化为内核驱动的地方经济社会发展路径，实现以特色文化资源为根基的营造性发展，提高契合度，变静态保护为动态营造。

尽管现代人辗转奔波于物质追逐中并乐此不疲，然而当人到终老，在他停下脚步的那个时刻，故乡的影子，或者说，那些让人回味的传统村落的记忆，总会浮现在他的心里，总会呈现在他的眼前。在这个世界上，我们只在故乡的树下才会得到最好的安憩。故乡，不仅仅是写在纸面上的两个方块型的汉字，在全国范围的现代化建设浪潮中，你是否意识到，故乡很可能成为一个日渐远去的背景。阅读过柳田国男著作的人都有这样的印象，他在书中写过一个细节：一条原本曲曲折折充满变化的乡间道路穿行于密林中，几百年来，围绕这条路产生过很多传说和神奇的故事。可是，新的国道建设改变了这一切。逢山开路，遇水架桥，一条使用现代筑路技术建设的新路笔直地通过这里，它那么合理，那么便捷。老路，从此退出了人们的脚下，重新变成荒凉的荆棘丛，而那些父亲母亲带着孩子一边走，一边会活灵活现地讲述的故事和传说，一天天远离了新一代孩子们的童年记忆，最后随风飘散，再难追寻。热心民俗学研究的柳田国男，曾经号召爱好乡土民俗学的同道们收

❶ 丫租村一隅

❷ 一字格村

集乡下那些行将消失的故事和传说，他自己身体力行写下的《原野物语》，收集的就是岩手地区一个叫原野的小地方流传的故事。于今看来，如果一条道路足以让我们失去许多传说和故事，那么，是否应当认真思考一下，在呼啸而来的现代化改造过程中，我们在一天天失去了些什么？同样是因为读书，一些人也从卡尔维诺《看不见的城市》里，看到了伊希朵拉，这个最“短”的城市给人们也带来了人与社会、人与欲望、人与生存环境的另一种意义上的思考。这座最短的城市，一开始便展现了“时间”与“欲望”的较量下，主人公渴望的那些得到，以及不想会有的失去。小说第一句话就告诉读者，经过长时间的荒郊之旅，一个男人感受到了自己对一座城市的欲望，而当他进入伊希朵拉的时候，不幸的是，他马上就发现了“得到”之中的“失去”：当他抵达伊希朵拉的时候，他已经老了。这，是由“时间”决定的差异。在时间与

朱家营村朱公祠

赖家新村

欲望的较量之中，时间最终还是占了上风。这个男人不得不承受的，是他最后还必须让“欲望”与“记忆”接轨起来。他最后发现，就在这座最短的城市的广场中央的矮墙边上，一些老人坐在那里，打量着年轻人匆匆从他们身边来来去去。这个时候，“欲望已经只是记忆”，成了他最后关上伊希朵拉的大门时，留给人们的最后一句话。作为读者，我们完全可以想象，这个男人在这座城市的怀抱中度过了怎样的一个夜晚，也可以想象，或许，他也可能会恳求自己的记忆或者是上帝，将他带回到他曾经出发的地方。

写到这里，不禁想到一件事，有位台湾诗人到北京寻访怀古，因为他自小在北京古城长大，来到北京后，看到的是诸多高层建筑，许多老北京的四合院都被拆了。其实，新的时代，新的发展，新的征程，许多四合院并不是理想的人居环境，由于人口膨胀，四合院往往是人口杂居的所在，无论是“庭院深深深几许”的深宅大院，还是“苍茫古木连穷巷”的胡同人家，门户经常都是紧紧关闭的。独门独户的，数家共居的，彼此之间本着“鸡犬之声相闻，老死不相往来”的惯例，保持着相安无事的局面。就是这样的老四合院的不复存在，同样让这位诗人遗憾不已。有人撰文评述，中国人要是不从心灵里走出这种紧闭的四合院，要想有大发展，大成就，恐怕很难成其好事。在中国的汉字里，有一个“囿”字，活脱脱就是四合院的最好注释。四合院就是个方框，里面什么都“有”，因此封闭得特别死。从某种意义上说，封闭就是保守，在因循守旧的状态下，自然也就有狭隘，也就有偏激、排他，甚至排外，理所当然地成了一些人的“四合院心态”，看不得别人好，别人好了，便要在那里“几声抽泣，几声凄厉”地埋怨别人飞快的进步。看人有钱不痛快，看人花钱也不痛快，看自己没有多少钱更不痛快。这种人留恋的，是他有钱而别的大多数人没钱，每年只有一把花生米的时代。

改革开放四十年，中国从站起来，到富起来，再到强起来，发生了翻天覆地的变化，国人为之自豪，为之骄傲。当然了，要从传统的思维里走出来，那也是需要革新和时间的。

传统村落，是农耕文明不可再生的遗产，也是陶渊明笔下的世外桃源，是烟火人间的印证，它潜埋着历史的根脉，也承载着人类的乡愁。关注村落，终究关注的，还是村落里的人。无论是文化的传承与活化，还是核心价值观的传播与实践，都要落实到民众的日常生活中去。在讲求发展、高效，而迫切追逐现代化便利的时代，我们需要回头看见，有一种不同的生活形态，从深邃的岁月中缓步走来，面目从容温厚，任四时变迁、节气迎送，始终如一。不容置疑，传统村落的活化和发展，也是城市化进程和城乡产业结构调整的重要课题和昆明历史文化名城保护，建设人文交流中心的重要工作。在当前城市生产力带动农村发展的过程中，一些好的做法为我们提供了“城乡互补”的城市化进程新内涵，为城市发展和农村发展提供了新鲜而永远的价值尺度。我们有理由相信，再造魅力乡村，再造的，一定是一种与时俱进的，让乡土社会人才不脱离草根，精英力量始终可以参与桑梓建设的内在机制，而不是孤立地保留建筑遗迹等物质外壳。

1 新农村建设

2 牧归

让传统村落柔软的时光不再单薄，还要让传统村落更多一些人气，更多一些温暖，是新时代赋予人类命运共同体的一个共同使命。

人生在世，每一个人都有怀旧的感情，这个可以理解，但不能一直活在这样的情绪里。那被火山熔岩掩埋了多少世纪后挖掘出来的意大利庞培古城，虽是原封不动的古罗马时代的城市，对任何参观者来说，看看可以，但倘若要让谁长久住在那座毫无生气的城池里，他一定会选择尽快逃走。

生活的美，在过程，不在结局。高速路上，时间短了，但生活慢了。在城市也好，在乡村也罢，无论如何，我们唯愿属于人类的时光能够继续柔软，并且可以增添更多温暖，更好一些。在理想与梦想中，不沉溺于过去，不幻灭于未来，只耕耘于踏实的现在，怀着一颗敬畏之心立于天地之间，则无往不前。一生，也如此柔软温润地度过，这实在是一种难得的修为。

夕阳山村

田园变奏曲

土地，是人类最美丽的画；五谷，是人类最深沉的诗；田园，是一首牧歌。在田园，生命的节律就是一首深沉的歌，在岁月的风雨中荡气回肠，在自由的时光中“嬗变”。晋宁的田园，在岁月的沉淀下演绎着从“刀耕火种”到“精耕细作”的变奏曲。

地处滇中滇池西南岸的晋宁，自古就是滇中粮仓，鱼米之乡。清朝文学家，滇南名士孙髯翁所作大观楼长联中：“更苹天苇地，点缀些翠羽丹霞，莫辜负四围香稻，万顷晴沙，九夏芙蓉，三春杨柳。”对滇池周边田野情景和自然风光进行了尽情描述。田畴沃野，稻花飘香，晋宁一代代农人在这块土地上辛勤耕耘，让这片沃土变得越来越充满诗情画意。

传统种植业的变迁

在人类社会演进的过程中，从渔猎到农耕，是历史性的跨越。处于滇池边的晋宁农业发展就是经历了从渔猎到农耕的演进。远古时期，逐水而居的晋宁先民主要以打鱼为生，滇池丰富的水产回馈养育了滇池儿女，人们在长期的渔猎过程中，创造了独特的“渔文化”，并传承至今。随着社会发展和农耕技术的进步，晋宁农业发展逐步从渔猎转向农耕，农业主要以种植小麦、蚕豆、玉米、水稻等传统作物，使用的农具也非常简单简陋，大多为刀耕火种方式。在漫长的生产劳动中，人们发明制作了各式各样的实用农具，大大提高了生产效率，降低了劳动成本，粮食产量也迅速提高，生活水平随着粮食增产而变得充裕起来。

收稻谷

20 世纪 90 年代初，晋宁农业生产结构开始发生变化，一批头脑灵活，有市场意识并不甘受穷的农民开始在自

风力抽水机

家田地里试种附加值更高、经济效益更好的蔬菜、花卉。种植蔬菜、花卉为农民带来了可观的经济收入，一时间，晋宁田野一片欢腾，村看村、户看户，在政府引导下，跟风意识较强的农民开始大规模进行农业产业结构调整，蔬菜、花卉种植呈燎原之势在晋宁大地迅速推开。经过 20 多年的发展，蔬菜、花卉种植，奶牛养殖迅猛发展，并逐步取代了以小麦、蚕豆、玉米、水稻等为主的传统产业，成为晋宁农业发展的三大支柱产业，晋宁已经成

为名副其实的“高原花都”“高原菜谷”和“高原奶乡”，名气远播在外。

现代农业“三足鼎立”

晋宁鲜花“俏”。过去，晋宁是没有种植鲜花传统的，只是到20世纪90年代初才逐步发展起来，蹒跚起步之时是跟着毗邻呈贡区学习种植，种植的品种主要有玫瑰、康乃馨、非洲菊、百合等，

之后规模迅速扩大并成为云南种花第一大区，加之晋宁气候、土壤环境为鲜花种植提供了先决条件，因此，“晋宁鲜花”大多鲜艳夺目，品质上佳，成为市场上的抢手货，远销到全国各地甚至海外市场。“晋宁鲜花”已经成为宣传晋宁的最好媒介之一，提起晋宁，人们很自然就会想到鲜花，谈起鲜花，就绕不开晋宁。晋宁花农在种花的过程中挣到了白花花的票子，发了“花财”。目前，晋宁花卉园艺种植面积达 4.2 万余亩，产切花 32.5 亿枝，外销量 29 亿枝，出口量 16 亿枝，带动农民就业 21000 多人，鲜切花和单一品种玫瑰种植面积均居全省第一，晋宁已成为社会公认的云南花卉第一大区。

❶ 红土地
❷ 夕阳农耕
❸ 丰收

随着鲜花种植规模不断扩大，品质不断提升，由此引发的相关行业协会、花卉企业、深加工产业也应运而生。一部分具有经商天赋的人逐渐融入花卉产业，“洗脚上岸”专门收购农户生产的切花外销，成为连接市场与花农的中间商。同时，以花为媒介的“鲜花饼”“干花工艺品”“玫瑰花节”也兴盛做大，装点着人们的生活。

晋宁蔬菜“鲜”。晋宁蔬菜种植历史悠久，但真正形成规模化、商品化生产种植，还是从农业产业结构调整以来。20 世纪 90 年代后期，晋宁把发展特色高效农业作为推动农村经济发展，农民增收致富的重要抓手，依靠良好的自然资源优势，制定出台各种扶持政策和服务措施，积极致力发展蔬菜产业。通过 10 余年的发展，晋宁蔬菜产业已遍地开花，规模化、区域化种植迅速壮大，专业化水平不断提高，形成了产、供、销一条龙的发展格局，各种专业合作化组织也如雨后春笋般应运而生。

❶ 花的世界

❷ 喜笑颜开

❶ 鲜花节狂欢

❷ 长势喜人的荷兰豆

随着蔬菜种植的快速发展，晋宁蔬菜区域化布局已基本形成，效益不断提高，呈现出一村一品，一村一个特色的发展格局，种植的主要品种有荷兰豆、西兰花、生菜、上海青等，形成了以六街龙王塘、大营，宝峰海龙、酸水塘，双河部分村寨小荚豆种植区；晋城雨孜雾，昆阳安企长白萝卜种植区；晋城富有早洋芋种植区；六街王平、上蒜段七高山豆苗、小瓜等种植区，规模从几百亩到上千亩。

蔬菜产业的迅猛发展也催生了各类产业市场的出现。在各个蔬菜种植区，因蔬菜种植品种自然形成的交易市场纷纷涌现。全区因蔬菜种植而形成的蔬菜交易市场就有 18 个之多。一批“农字号”蔬菜龙头企业也如雨后春笋般应运而生。云南瑞锦生态科贸有限公司、晋宁华洲蔬菜有限公司、昆明市高汇达蔬菜有限公司、昆明万汇蔬菜花卉有限公司、春天公司等一批龙头企业通过市场无形之手，将千家万户的小生产与广阔大市场有效对接，把全区蔬菜产品销往全国各大中城市，甚至海外市场，促进了菜农增收致富。

由于这些蔬菜龙头企业都有各自的生产基地和市场营销网络，具有较强的技术力量和辐射带动作用，对全区蔬菜产业发展起到了较强的推动作用，许多企业在晋宁的土地上创造出自己的蔬菜品牌，在国内外市场深受欢迎，卖价较好，稳定树立了“晋宁蔬菜”良好形象。

随着互联网的快速兴起，一批菜农做起了电商，形成“基地 + 电商”模式，菜农把自家种植的时鲜蔬菜通过互联网直销给市民，从地里到市民的餐桌不过夜，既缩短了销售时间，市民不用出门就能收到新鲜时蔬。

1

❶ 绿色生态与民族传统文化之乡——六街镇

❷ 蔬菜分拣

❸ 晋宁奶牛养殖场

网购蔬菜逐渐成为城市消费群体的选择，对上班族来说，没时间买菜，网购送货上门解决他们的吃饭难题。

晋宁牛奶“香”。晋宁规模化奶牛养殖是近年来发展起来的新兴产业，虽起步较晚，但在技术、自然环境等方面具有独特优势。随着产业结构的优化升级和人民生活水平的提高，牛奶的需求量日益提高，推动着晋宁奶牛养殖规模不断扩大。2000 年，孙家坝建成了全省第一个奶牛养殖合作社，此后，奶牛养殖业迎来了发展的春天，奶牛养殖也从零星逐步发展到规模化、专业化养殖。特别是 2010 年以来，晋宁奶牛养殖业迅速发展，存栏量快速增长，先后建立了月表、孙家坝、现代、绿源、兴隆等 8 个奶牛专业合作社，全部实现机

1

械化挤奶，饲养规模和生产水平居全省同行业之首，奶牛存栏最高时达到了 7566 头，年产鲜奶 23431 吨，成为昆明市重要的优质奶源基地。

老农具的乡土记忆

时间的爬犁在晋宁的田野上一遍遍翻过，农耕文化在岁月的更替中不断演变升华。“日出而作，日入而息，凿井而饮，耕田而食”“锄禾日当午，汗滴禾下土，谁知盘中餐，粒粒皆辛苦”等这些描述农村生活景象的诗句至今耳熟能详，那是对劳动的尊重、对生命的敬畏。

农耕历程恰如一部厚重磅礴的歌诀从远古吟咏而来。晋宁人民

在长期农业生产生活中创造了独有风俗文化，随着社会的发展，技术的进步，那些曾经使用过、带着时间痕迹的老旧的农耕农具渐渐被淘汰，取而代之的是新兴的农用机械和农业生产方式。尽管如此，人们对过去的追忆从未停止过，特别是正在或曾经从事农业生产的人，对那些使用过、如今很难再寻踪迹的古老的农业生产用具，总

❶ 菜之韵

❷ 手磨

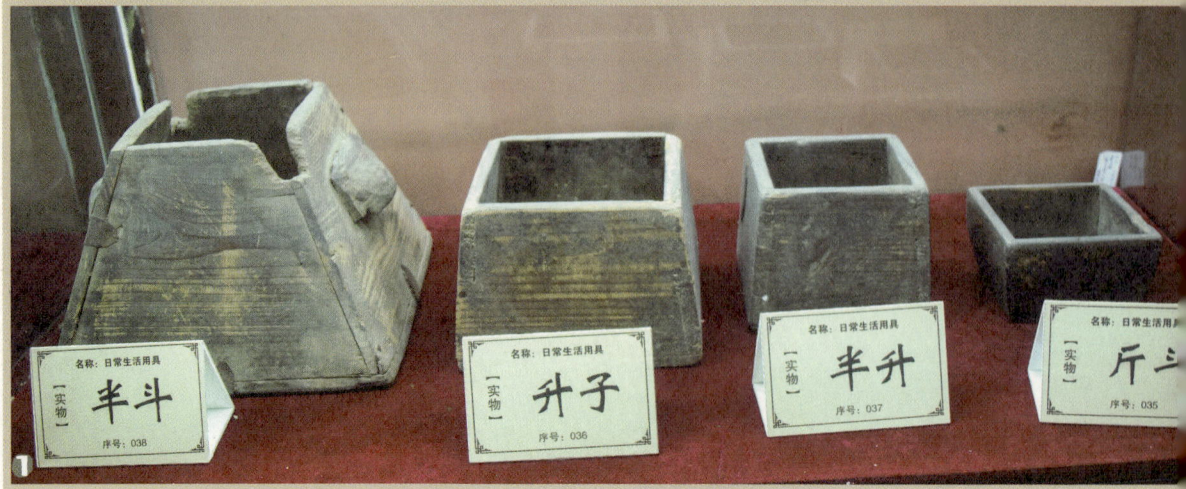

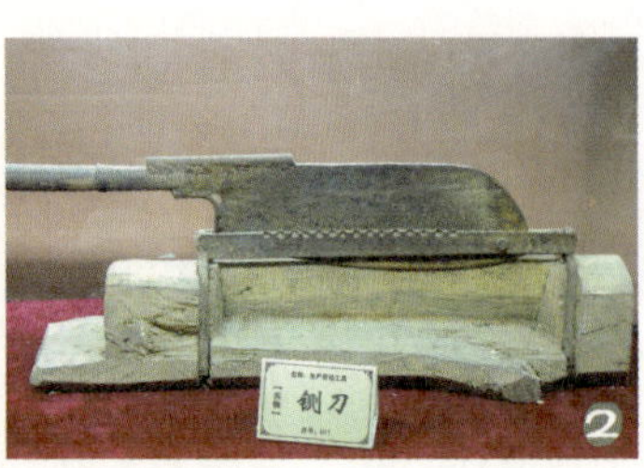

❶半斗、升子、半升、斤斗
❷镰刀

会有一种难以割舍的情结。因为它折射的是千百年来，中国农民坚忍不拔、崇尚和谐、顺应自然、勇于创新的优良品质，是中华民族绵延不绝、生生不息、发展壮大的精神厚土。

田、牛、犁是农耕文化永恒的主题，但现在这些已经渐渐淡出了农村舞台，传统的农耕文化让许多人特别是80后、90后们感到陌生和遥远。但悠久而厚重的农耕文明是中华传统文化的根基和重要组成部分，我们不应忘记，那是留住根脉、记住乡愁的物证。列举几件描述。

风箱，用来扇除粮食里面的灰尘。这个小时候我们都见过，家家户户都有吧，粮食晒干之后，要用风箱把里面的灰尘之类的或者一些粮食外壳扇走，通俗点讲，就是依靠吹风的力量将轻的部分吹走，留下的就是我们需要的粮食了，大多数农村长大的孩子小时候也都用过，机构也不复杂，操作也很简单。把粮食作物从上面倒进去打开闸门，闸门还可以控制大小，然后用手摇动右边的“风机”，就可以把灰尘外壳从后面那个出口吹出来，前面这个出口出来的就是干净的粮食了。

犁地，是农耕民族最基本的工作，从古至今，经历过很多变化，从开始的用人拉着犁头犁地，最初的是木

制的犁头到石器时代的石头做的，再到后来的铁做的犁头，大多数人能够见到的都是铁制的犁头，这也是我们儿时经常见到的犁地方式，不算久远，就算经过了几千年的发展演变，现在依然还有人用着，从单纯犁头是铁的，到后面的整个犁地机构都是铁制的，再到后来发展成了机械式的，小型手扶式犁地机，拖拉机犁地，再有专门的犁地机械。传统的犁地方式也渐渐的被抛弃，如今一些偏僻的地方，特别是山区的地形，拖拉机开不进去，犁地机也进不去，还是采用牛犁地的方式。

推磨，在我们的记忆里面并不算陌生，在过去的农村生活中，每家都有一个最基本的家产就是“磨”。用石头做的，而且做工也不简单，制作磨石选料必须是山上特硬的大青石，并且要请当地最好的制磨石匠，慢慢雕琢出纹路。上下二块还必须相吻合，这样磨起粉料来才合适且匀称。有些石磨需要三个人才能推动，还需一个人坐在旁边喂磨，操作起来不费力还是三个人最好！小一点的磨子，一个人也可以推动。时过境迁，推磨也都是过去的事了，现在人们已不再推磨了，磨面早已采用磨面机了，但是推磨却成了我生活当中难以忘怀的美好回忆，石磨也成了消失了的农耕文化。

筛子，家家户户都一把，甚至几把，是传统的篾器类，用于对粮食进行筛捡，中间的漏孔一般为方形，主要使小颗粒的

❶ 土砂锅、石火盆

❷ 碗箩、筲箕

从筛孔漏掉，从而达到对细粮的加工整理。

升子，民间称量和盛放粮食的工具，一直流传这样的说法：“十升为一斗，一斗粮食三十斤。”那么一升约合为三斤，升子现在已经基本退出了人们日常生活，成为难得一见的民俗旧物。

簸箕，也是一种传统的篾器，这个极其考验工匠的制作水平，可以用来盛放和筛选粮食。

豆腐架子，这是一种做豆腐时放置在磨豆腐的石磨下的架子，很简易的工具，很实用。

木盆，可用来盛水，它还有一种说法叫“脚盆”，顾名思义，用来洗脚的盆。制作这样一个木盆，不是木匠学徒工能完成的，需要考验工匠的手工技巧和算法技巧。

水桶，和木盆在加工上有异曲同工之处，但木桶加工更为精细，用途是用来盛装粮食和水。两只为一担，通常带有提手，方便搬运。

“男耕女织”“日出而作，日入而息”。在漫长的生产劳动中，这种老物件不仅丰富了人们劳作的动力与幸福感，更推动了生产力的提高以及传统的延续。

❶ 夕阳一字格村民族文化陈列馆
❷ 双河民族文化陈列馆

陈列馆的农耕文化传承

农耕文化是乡村的灵魂，是农民的精神命脉。中国农耕文化和传统文化最主要的精神是“天人合一”的和谐观念。农耕文化、

挂在墙上的农具

民俗文化传承着文明，丰富着人们的精神世界。在文化决定经济发展和走向的今天，晋宁这块农耕文化和传统文化底蕴深厚的热土，以自己个性鲜明的地域文化和深厚的人文环境，不断提升着晋宁农耕文明的进程和品位，民族文化陈列馆的建设为人们了解农耕文化打开了一扇窗口。

夕阳一字格村民族文化陈列馆。在一字格村民宅，明清时期的砖瓦墙壁历历在目，雕龙画凤的大门和屋檐，留下岁月的印迹。村民家中的墙壁上，挂着犁、蓑衣、马鞍，仿佛几百年的时光在这里定格。夕阳乡一字格民族文化陈列馆就在这里设置，里面陈列着几百件生产生活用具，让人们透过那些竹筷篓、木盆、木制捕鼠架、木制榨油工具……感受到了几百年前的生活情形和往昔时光。正是在这变与不变之中，一字格村的传统岁月和时代足迹重叠交错，留给人们无限的韵味和遐想。

夕阳小石板河哈尼族文化陈列馆。哈尼族主要分布在晋宁夕阳彝族乡的七个自然村寨，在长期的农业生产劳动中，

哈尼族人民创造了许多实用的生产农具，传承并延续着民俗风情。陈列室陈列着从生产生活、民族服饰、语言文化、家乡变迁、风俗节庆到民居建筑等方面的文字、图片和实物，这些图片和实物集中反映了哈尼族群众的传统民俗文化，以及生产生活场景。

双河核桃园民族文化陈列馆。馆址坐落在双河彝族乡核桃园村内，是一所三间四耳土木结构的老房子，这老房子本身也是陈列品。300平方米的老房子内，楼上楼下，井然有序地摆满了各种陈列品，分为日常用品、劳动工具、民间乐器、民族服饰、节祭庆典、丧葬习俗、生产劳动、婚姻家庭等主题。这些展品全部来自彝族民间，浓缩了彝族人民近两百年来生产生活的发展历程，联系着双河彝族乡的发展史。

❶ 夕阳民族文化陈列馆门前的民俗表演

❷ 参观陈列馆

在晋宁山水中诗意栖居

晨起，看旭日从东山喷薄而起，晕染东大河之水一片紫金；午时，进夕阳踏梯田摸鱼捉泥鳅，尽享山水田园乐；斜阳将沉，抬一大碗酒，邀青山共饮。居诗意之地，诗意地栖居。

山不在高，有仙则名；水不在深，有龙则灵。

晋宁地处滇中高原中心地带，山川秀美，钟灵毓秀，一座石寨山埋藏了两千年前整个古滇青铜文明的辉煌与璀璨；一湖滇池水养育世代滇民，累累白螺筑起古老家园；绵绵青山富含宝藏，磷矿、铁矿、森林资源以及美味儿野生菌，晋宁人民生活富裕而丰足。

古滇文明从这里起源，大航海家郑和在这里成长，担当大师在这里挥毫泼墨……山有宝，水有灵，徜徉在晋宁的山山水水间，我们诗意地栖居。

石寨山

一

石寨山不高，却装了上千件国之瑰宝；石寨山不大，却埋藏了一千多年前整整一个王国的所有秘密。

这座高约33米，南北长约500米，东西宽约200米的小山包，长满荒草，其貌不扬。然而就在这片红土下，自20世纪50年代起，数万件文物陆续出土，拨开了历史的尘埃，让一个辉煌的青铜时代重见天日。石寨山，也借此在华夏文明

1

2

中占得一席之地。

伫立山顶，思绪飞驰，头顶斗转星移，脚下沧海桑田，千年荒芜的岁月在脑海中渐渐清晰。

长年的部落征战让族长白发早生，他坐在火塘旁仔细擦拭着那柄青铜长剑，剑锋已有七八处砍缺，剑身却铮亮如昔，映着熠熠火光。帐外鼓声大作，部落广场上，正在进行祭祀仪式。大祭司端坐殿中，众人簇拥在周围，广场中央的铜柱上绑着有罪之人，他将成为这场战争的祭品，与旁边的牛羊一道，献祭给古老的神灵，保佑这场战争的胜利。大祭司一声号令，血光飞溅，众人欢快起舞，鼓声撼地，喊声震天。

然而这场声势浩大的祭祀仍然没能改变部落的命运，长途跋涉而来的楚国

大军并没有表现出疲乏，相反骁勇异常，几个回合后体力不支的族长被将军一剑穿胸，战死沙场。楚军长驱直入，一统滇中部落，威震四方。

大获全胜的楚将正欲班师回朝，忽闻探马来报，楚国的巴、黔被秦国攻占，回去的道路完全被阻断！全军将士凯旋的喜悦被突如其来的噩耗击溃，呆立当场，有几个士兵默默流下了眼泪。万里之外的爹娘，儿女，爱妻，何时能再相见？楚将仗剑立马，遥望故都，缓缓道，回不去，我们就在这安家吧。这一在，就是两千多年。

楚将庄蹻入滇，司马迁记录在《史记》中。而其后在滇称王的岁月，并无更多文字记载，但是，当时的能工巧匠却用精湛的青铜工艺，将一个王国的丰功伟绩与生活点滴都记录在了青铜器皿之上。战争、狩猎、祭祀、赶集等等丰富场面，让我们在一千多年以后看到了比文字更生动更直观更艺术的精彩片段，并借此得以窥见神秘古滇王国的本来面目。

二

在加拿大的地质教科书第一页，晋宁一个小村庄名列其上。这个小村庄究竟何德何能，能够登上万里之外一个国家的教科书？这要从五亿年前说起。

五亿年前当然没有人类，没有晋宁，更没有这个小村落。这里一片汪洋，只是茫茫大海中再普通不过的一片水域。海面波涛汹涌，海底却静谧安详。一只长着锥形外壳的动物，伸出两只触手，卷起一叶海草，送入口中。这个小家伙的名字叫软舌螺。五亿年后，它嵌在石壁上的躯壳被科学家发现，因形似海螺，又有柔软的触手，由此得名。它是地球上迄今为止发现的最古老的生命之一。这片海域在地质变迁海水退去成为陆地

①昆阳磷矿全景

②夕阳霞光暖我家

后，又经历了亿万年，成为中国版图上一个普普通通的小村庄——梅树村。

以这个小村庄命名的“梅树村前寒武系—寒武系界线层型剖面”，是国际地质界公认的标准剖面。以这一标准为参考，可以清晰界定后来发现的地质结构及生物化石年代。

梅树村地质剖面犹如一块切开的三明治，层次分明，结构清晰。力道恰到好处的地质运动将漫长的地质变迁压缩进不同的层面中，一层便是千万年时间的浓缩。不同的层面代表了地球不同的地质时期，那些古老而神秘的生命，把自己的躯壳烙在了岩石上，作为生命进程佐证，留供后人观瞻。

拨开茅草，轻抚那亿万年岁月的岩石，触手温凉，没有丝毫生命的温度。仔细探查，你就会发现岩石上细线般的痕迹。透过放大镜观察，还能看到细线上的条纹。正是这些细小而琐碎的痕迹，为

我们展现了 5 亿年前生命的样子。5 亿年，这是多么漫长的一段岁月啊！彼时的时光，当真静好，没有车马的喧嚣，没有林立的高楼，只有一片汪洋，和汪洋中简单的小生命。它们简单生长，简单活着，简单死去，一代一代累积，一代一代进化，过了几千万年，终于长出了脚，爬上陆地；长出了翅膀，飞上了天空；长出了尖牙和利爪，开始攻击和防御；长出了脑袋，开始思考生与死。

地球渐渐热闹起来。

亿万年后，这些生命的最初形态沉睡在这凉凉的岩石中，它们的骨与肉已经化作尘土，它们的样子已经无法分辨，但它们所繁衍的生命还在不断生长、进化，一代又一代，更加智慧，更加复杂，更加强大。

夕阳梯田

寂静的港湾

三

在距离梅树村不远的山头，还有一个特别的公园——震旦纪地质生态公园。

震旦纪地质生态公园位于云南磷矿昆阳采空区。一般印象中的采空区，是一片被撕开绿衣挖去宝藏的土地，赤身露体，满目疮痍。然而昆阳采空区并非如此。漫步公园，绿草盈盈，松柏葱郁，金秋时节，恰逢波斯菊盛放，更是花开遍野，美不胜收。

长久以来，如何统筹做好矿业开发与环境保护一直是矿业开采的一个难题。如何把开采后的采空区废弃地转变为现实中满目苍翠的生态矿区，这对于中国矿业而言是个新课题，也是中国矿业发展到今天的必然选择。而震旦纪地质生态公园，就是云磷集团在解决这个问题上为业界树起的一根标杆。

云南磷化集团的矿山复垦植被工作起步时间较早，20 世纪 80 年代开展的“昆阳磷矿采空区复土植被试验研究”项目，获得了国家科技进步三等奖及原化工部科技进步二等奖，企业荣获“全国复垦先进单位”称号。但在当时的生产经营环境条件下，矿山搞复垦植被的思路还比较局限，投入不大、种植面不宽。进入 90 年代，矿山生产经营处于亏损困境时期，矿山复垦植被工作曾一度停止。

随着企业的逐步发展壮大，环保意识不断增强，公司提出了“矿开采到哪里，复垦植被就跟进到哪里，恢复生态，不留遗憾”的工作方针。并结合矿山开采进度规划，制定了《矿山植被恢复建设项目总体规划》，并列入公司中长期发展规划和每个年度生产经营计划。同时，组织实施了国家和云南省《云南昆阳磷矿地质环境恢复与治理》《矿区废弃地生态修复综合控制技术研究与示范》等重点工程项目。

在项目规划的指引下，企业改变开采剥离物向外部排土场排放的传统工艺方式，实施表土单独堆放、剥离物集中向采空区内排和表土回填铺敷作业。针对采空区无浇灌管道、适宜生长的植被少、风沙大、干旱等不利因素，在采空区修建高位水池，架设浇灌管网；选择耐旱抗病虫害强的树种；聘请当地村民为管护人员，确保了种植林木的成活率。

截至 2015 年底，累计投入土地复垦植被资金 2 亿多元，植树造林 2.5 万多亩，可复垦植被面积土地复垦植被率达到 94%，矿山采矿废弃地的地质环境得到有效恢复和治理，土地复垦植被区内形成了一定规模的生态林、经济林和景观林，再造了秀美的矿山新环境。

古滇文化广场成群娱大舞台

四

晋宁地形地貌多样，沿湖多坝子，东北、西北多为山区半山区。山区风景，又以双河、夕阳两个彝族乡为最佳。沿宝峰—双河—夕阳公路一路向西，山林茂密，郁郁葱葱，绵绵群山间，点点白墙；斜阳柔光里，袅袅炊烟。

既是彝族乡，民族风情自然浓郁。彝家人淳朴善良，热情好客。到彝家做客，吃的是山里放养的鸡，肉质紧实有劲道，属上等食材。洗净掏空蒸以山泉水，拌以山椒，名曰钵钵鸡，白嫩鲜香，最是下酒。喝酒用大碗，只用拇指食指中指三个指头分开夹起，滋溜一口，咂吧咂吧嘴皮，便开始天南地北吹牛皮。聊的内容又极为宽泛，从解放战争到十九大精神，从村口斗鸟到麻将桌上自摸杠上花，反正一天总有说不完的话，喝不完的酒。

喝酒不快，但是绵长，逢年过节，可以从中午喝到晚上。彝人能歌善舞，祝酒歌尤其有名，一声“阿老表”唱起，暖从心起，那碗中的烈酒也变了琼浆，仰脖倒下，更觉酣畅淋漓。

醉卧青山，与兄弟共话斜阳，这情怀，也只能在双河夕阳才能体验得到了。

吃饱喝足，再赏梯田美景。

夕阳彝族乡仍然保留着传统农耕习惯。每到插秧季，梯田灌满了水，在斜阳映照下，层层排布的梯田仿佛一块块打碎在山间的镜子，色彩斑斓，流光溢彩。及至秧苗插下，田间蛙鸣，树上鸟叫，村中犬吠，奏响一曲人与自然的和谐乐章。

8月，谷子既熟，秧田里的泥鳅和鲫鱼也肥了。吸收了稻花香气的鲫鱼，称为谷花鱼。这一美味儿吸引了昆明周边的众多游客，大人带着孩子们卷起裤脚，不顾田里泥泞，在一田浑水中摸来摸去，捉到鱼的高高举起开怀大笑，鱼尾甩了一脸泥巴也浑然不觉，没捉到的更加紧张专注，继续埋头摸索。这样

的童年，比起那些在塑料玩具中玩乐长大的孩子，不知有趣多少倍。

五

晋宁多山，山上多宝。除了磷矿、铁矿等丰富矿藏外，还有一道山珍美味——野生菌。

每年从 6 月起，六街、宝峰、双河、夕阳的绵绵群山中，一朵朵食用菌撑开小伞破土而出，在适宜的温度和湿度条件下，它们飞速成长，因为价格不菲，它们如同浅埋地表的宝物，等待人们寻获。

上山拾菌子实在是一件乐事。夏季多雨，山里的树木和小草被雨水冲洗得干干净净，空气里弥漫着淡淡的清香。雨一阵晴一阵，太阳一出来，那些各种各样的野菌子，有毒的没毒的，色彩艳丽的单调暗淡的，就成群结队地从地下钻出来。灌木丛里，松树下，杂草中，到处都是它

1

们的踪影。

拾菌的人又分两种，专业的和业余的。拾菌之乐，以业余者最能体会。他们磨磨蹭蹭，闲游散漫，不知菌子窝，不知菌种类，东游西逛中偶尔见到一朵，也不管能吃不能吃，直接收入囊中。一日下来，运气好的话能够炒一盘，运气不好的话，市场里面买一篮，充作战利品。然而总是快乐的，呼吸了一天的山中氧气，腿脚也活动了，形劳而心逸，能不快乐么？拾菌子，便是以拾得为乐，若带了太多功利，快乐便要折了许多。

专业拾菌队就要辛苦许多。他们挎着或背着背篓，拿着镰刀木棍，天还没亮就已经进到山里，电筒光光影绰绰，星星点点散布林间。他们对于山上每个能集中长菌子的“菌子窝”，早已烂熟于心，哪个地方会长哪些菌子，如数家珍，所以他们总能满载而归。与业余拾菌者相比，这些散落山间的野生菌，在他们眼中如同一张张百元大钞，拾菌子，就等于是在捡钱。

丰富的野生菌资源给山区老乡带来财富的同时，也给来晋宁游玩的客人们提供了一道美味佳肴。一箩筐一箩筐新鲜的野生菌从山上运到市场上，又从市场流入大大小小的饭馆以及家家户户。盛夏时节，野生菌成为晋宁餐桌上必不可少的一道佳肴。菌的吃法，精致一点，便是切片炒了，佐以新鲜花椒和油炸干椒，菌内的氨基酸被高温所激发，散发出诱人的味道。夹一箸入口，细细咀嚼，鲜香爽滑，美味至极。野蛮的吃法，就是一大盆见手青、青头菌、牛肝菌等等各色杂菌往石锅里一倒，大火烹煮，小火慢熬，数分钟后开锅即食。每年野生菌初上市时，见手青的市场价高达 200 元一公斤，青头菌也在百元左右，这样一锅熬了，对于山珍而言，算得上是野蛮而任性的吃法了。然而这种野蛮而任性的吃法却颇有市场，晋宁有数十家野生菌火锅，家家生意火爆，便是最好的证明。凭着晋宁的山林优势，丰沛的野生菌产量为野生菌火锅提供了充足的食材保障。东坡先生若生在此时，必要感叹，日端山菌两大锅，不辞长做晋宁人了。

❶ 夕照古滇

❷ 晋宁·起跑

六

山有山珍，海有海味。

晋宁坐拥 53 公里滇池湖岸线，占据全线的三分之一。丰富的水产资源养育了世代滇民，即便是在大灾大荒的年代，母亲湖也没让她的子女们饥饿而死。

人类文明逐水而居的智慧正源于此。一是饮用水源保障，二是食物保障。只要河流不断湖不干涸，其中鱼虾必能果腹，生存的问题也就迎刃而解。然而取鱼之道，又非易事。在晋宁博物馆古滇文化展区，有一古滇人生活场景，一男子立于水中，高举尖削木棍，正欲刺向鱼群。旁边另一男子右手执镰刀，左手握稻谷，正在收割。这一场景，正是滇人千百年来农时耕种闲时渔猎生活习性的真

实写照。

举木刺鱼能得鱼，足见古时滇池鱼虾之繁茂。水广则鱼盛。那时候的滇池，又何止五百里？《昆明水利志》中所绘的“滇池变迁图”，让我们形象地看清了滇池在不同历史时期步步缩小的过程。古滇池几乎淹没了整个昆明坝子，面积约为1000平方公里，据推测，当时湖岸线约比现水面高出10米。今天的昆明市区都在昔日的古滇池之底。在市区地下发现的草煤，就是由古滇池内的水草演变而成的。古代的滇池北起松花坝，南至晋宁宝峰，东到呈贡王家营，西到今马街山脚。在战国至西汉的古滇国时期，滇池东北岸的水位已下落至1915米左右，至唐宋时期降到了1890米，滇池水面有510平方公里；元朝水面缩小到410平方公里，明朝为350平方公里，清朝为

320 平方公里，今天已不到 300 平方公里。

滇池的变迁史，就是一部人进水退的历史。元、明、清三代为根治昆明水患以增大滇池潮水的排泄，达到排涝造田目的，从 1278 年至 1731 年的近 500 年间，在自然因素与人为干预的共同作用下，滇池水位共下降了 6.8 米左右，下降速度比元代之前明显加快，滇池面积缩小了 190 平方公里。至光绪十四年（1888 年），昆明终于成了云南最大的坝子，成了一马平川的良田沃土。20 世纪 70 年代，昆明发起了“以粮为纲”、向滇池要粮的“围海造田”运动，发动群众日夜奋战，在不到 1 年的时间里填去了滇池 3.5 万亩的水域。

从“涸水谋田”到“围海造田”，从内地化到城市化、工业化、现代化，滇池变迁展现了人口集聚与经济社会发展进程中与水争地、与林争地的博弈及人类的高歌猛进；与此同时，在自然演变及人类干预的双重影响下，滇池环境日益脆弱，水域不断萎缩，水体污染变质，自净能力及多种功能逐渐丧失，在加速“小化”、异化、毒化、老化中迅速“退化”。

沧海能变桑田，桑田何时变回沧海？

在石寨山发掘出的铜鼓上有这样一个滇池荡舟的游乐场景：有人立于船头吹芦笙，有人翩翩起舞，有人且饮且歌。这是两千年前滇王时代关于滇池的一个画面。透过画面，我们看见了彼时滇池碧波万顷的壮阔与清透，看到了古滇人的幸福与惬意。古人如斯，今人作何想？

幸运的是，经过近年来的不断治理，滇池正在渐渐变回清澈。

南滇池国家湿地公园、古滇精品湿地公园、下海埂湿地公园、白鱼河湿地公园，每条入滇河道都有一个湿地，既保障了入滇水质的净化，又为晋宁增添了一道靓丽的湖滨风景线。

南滇池国家湿地公园是晋宁最大的湿地公园。走进公园，头顶是蓝天，四围皆碧水，尤其在初春时节，湖面上飞舞着白鹭、海鸥，清风徐来，如行画中。白鱼河湿地公园算得上昆明植物种类最丰富，植被最茂盛的公园，而且设计者别具匠心，让湿地里有木栈道搭设进植被深处，供游人们亲密体验湿地里的花草鱼虫。沿着长长的木栈道，走在植被茂盛的湿地里，聆听着鸟叫虫鸣，与大自然进行亲密接触，洗肺洗心。古滇精品湿地公园位于古滇文化名城项目，栈道迂回曲折，亭台小桥古朴，是晋宁最精致的湿地公园。公园占地1100余亩，将原约200亩的湿地水面面积扩大到800余亩，还打造了5.6公里的环滇慢行步道。除了步行游览湿地，游客还可乘坐手摇船游览湿地深处，舟船徐行，溪涧烟雨、古桥垂钓、芦花轻舞、碧水映彩云、鲜花伴闲居的优美景致，伸手可逐。最负盛名的莫过于有“高原夏威夷”之称的沙滩公园了。赤足漫步沙滩，棕榈迎风，白椅横斜，蓝天碧水，令人心旷神怡。走近水边，水下卵石清澈可见，石上青苔随浪漫舞，摇曳生姿，游人直叹，滇池水又变清啦！

流连晋宁山水之间，执担当之笔，泼墨写意绘就滇水之畔枯树寒舍；盛一碗彝家美酒，邀青山入杯中，与兄弟共话斜阳；乘一艘宝船，与郑和一道，从高原之滇驶向浩浩汪洋；拟一篇激昂奏章，末了盖上滇王之印，上奏盛世辉煌。

在晋宁，诗意地栖居。

文化晋宁

JINNING

第三章
新歌唱响

历史长河，大浪淘沙。耕耘希望播种理想的晋宁人，世世代代虔诚地守护着共同的精神家园和文化图腾，让乌铜走银、鸟笼制作、彝族刺绣、泥塑、圣贤画等民族民间工艺，经受了时间的考量；让“金牌秧佬鼓”“彝家乐”、盘龙寺庙会和宝峰调子会等民间文化和习俗发扬光大。铅华洗净后的晋宁，进入了新的时期，多姿多彩的民间艺术和特色美食的本质内涵愈加鲜明，晋宁文化自信彰显。

共同的精神家园

滇池南岸的晋宁，历史悠久，文化璀璨，数千年的文化积淀，培育和催生了一大批民间工艺，乌铜走银、新街鸟笼、彝族刺绣、泥塑、圣贤画等工艺品堪称滇中民间工艺一绝，构成了晋宁各族人民共同的精神家园。

中国民间工艺一绝——晋宁民间工艺乌铜走银及传人

“乌铜走银”制作技艺是国家级非遗项目。这项云南特有的传统铜制工艺，形成了诸多门派，但晋宁区袁家的工艺传承谱系清晰，是为真传。

晋宁袁家的乌铜走银工艺传自云南石屏岳家。据传，工艺始创于清朝雍正年间，距今已有280多年的历史。工艺源于一姓岳工匠的偶然灵感。一次炼铜造器时，岳氏手上的一枚金戒指不慎掉入炉锅中，戒指一下子熔化了，惋惜之余，他泄愤般将周围放着的银、铝等金属全扔进炉里。气消之后，他发现炉中出现一种颜色黑亮的合金铜，黑色中呈现若隐若现的金黄色和银白色线条，就试着用这种合金铜制作成工艺品，经仔细研究琢磨，成就“乌铜走银”工艺。后来，工艺传到岳永康手上，岳永康的后人清代迁至昆明并开始以此工艺谋生。当时，岳家有一个来自晋宁天城门村的学徒袁嘉禾，在当了多年的学徒后，学到此手艺。回乡后，希望用这把手艺养家糊口，并传给儿子袁万礼、袁万城两兄弟。但由于种种原因，

乌铜走银成品

❶ 乌铜走银制作
❷ 乌铜走银半成品
❸ 传承

两兄弟并未使“乌铜走银”发扬光大，还差点失传。真正让“乌铜走银”发扬光大的是袁嘉禾的孙子——云南省非物质文化遗产项目代表性传承人袁昆林，他是迄今为止唯一被认可的袁氏“乌铜走银”第三代传人。

乌铜走银工艺的独特和奇妙之处就是乌铜，其使铜变黑的炼铜工艺及合金技艺更是独一无二，秘不外传，传男不传女。乌铜走银作品历经化料、秘方炼铜、锻片、錾刻、走银、成型、抛光、焐黑等十多道工艺，使其在庄重深沉的黑底上衬托出银光闪闪的灿烂纹饰，尽显雍容华贵。它以红铜、银等为原料，经过特殊的化学处理把铜冶炼，根据要制作的造型打制成各种形状的铜片，刻上阴纹，在阴纹上走镀银线形成装饰图案，然后焊接成所做物件的形状，经过打磨刨光，再使物件铜的部分用手焐的情况下变为乌黑色，与银线形成黑白相间的雅致图案，从而制成精美的乌铜走银工艺品。该工艺可以制作的器物很多，如古时用的手炉、文房四宝、酒具、花瓶、香炉、长命锁等等。新中国成立前，金价飞涨，原料缺乏，加之制作乌铜走银成本高，价格昂贵，即使有钱人家也无玩赏之雅兴，就这样，乌铜走银产品逐渐萧条，技艺也随之失传。直到 1980 年后才得以恢复，先是流传于晋宁境内，后流传到昆明古玩市场。

袁昆林从五六岁起就看着家里的父辈做这门手艺，到了

十一二岁，自己也能动手制作一些器物。改革开放后，他从父亲手中接过这门技艺，独立撑起“乌铜走银”的加工作坊。经过二十多年的探索和历练，终于把“乌铜走银”这一项非物质文化遗产发扬光大，传承下来。所制作的乌铜走银工艺品制作精美、形象逼真，有花瓶、笔筒、墨盒、泡壶、烟锅头等等。作品已被省、市博物馆，市民间工艺协会等单位收藏；国内外收藏家和商客也十分青睐他的作品；清华大学、云南艺术学院等多所院校的教授多次与他洽谈合作事宜。并被云南艺术学院聘请为特聘专家。

2004 年 12 月，袁昆林的作品在“昆明市首届文化产业博览会”上亮相，受到了业界的高度关注；在“第九届中国工艺美术大师作品暨国际艺术精品博览会”上，参展作品获得 2008“天工艺苑百花杯”中国工艺精品奖铜奖。先后荣获“昆明市十大工艺美术师”“云南省工艺美术大师”称号。2010 年被命名为昆明市非物质文化遗产传承人，同年被命名为云南省非物质文化遗产项目代表性传承人。2012 年中央电视台《留住手艺》栏目组采访了他，制作了“寻觅乌铜走银”专题片。播出后反响热烈，获得广大观众好评。

鸟笼成品

滇中竹编工艺的奇葩——晋宁新街鸟笼

在昆明的花鸟市场上，一说起鸟笼，行家们首推的名品必定是来自晋宁新街“鸟笼村”的鸟笼。“鸟笼村”其实叫回龙村，制作鸟笼的工艺历史已上百年，村中很多人都是制作鸟笼的高手。由于材质好，工艺精，早已在二十多年前便名扬省内外。它不仅仅是回龙村的一项特色产业，还成为晋宁旅游文化产业中的一张靓丽名片。

晋宁新街鸟笼制作的代表性人物主要是杨春。2008 年，

杨春被命名为昆明市非物质文化遗产项目代表性传承人。他从事竹雕刻工艺三十多年，每一个鸟笼都堪称艺术品，从破竹开始到雕花都是最传统的手工艺。笼子顶上独特的“老鼠偷葡萄”鎏金珐琅银钩既保留了传统的工艺元素又有所创新，那栩栩如生的雕刻，精美绝伦。他制作的鸟笼雕工精细，线条流畅，其雕刻装饰主要用于鸟笼的门、底座、提手等部位，做工考究，图案精美。雕刻装饰的用材都是选用上等金竹，经过下料、精心雕刻、打磨、擦香油等多道工序。

杨春制作的鸟笼分为素笼和雕花笼两大类，共二十多个品种。素笼讲究的是浑然天成，满心舒畅的感觉；雕花笼的制作工艺则更加精湛，更显华贵。鸟笼上的梅兰竹菊、花鸟鱼虫、琴棋书画形态逼真，活灵活现。雕刻的主要内容有：二龙抢宝、狮子滚绣球、菊花等图案。由于雕刻的面积小，所以工艺非常精细，线条细密流畅，全由手工制作，费工费时。他的作品主要送往昆明花鸟市场销售，有的销至省内其他州市和省外。售价一般都在几千元，甚至上万元、几万元。

杨春制作的鸟笼曾多次参加省

❶ 专注

❷ 雕刻工具

象牙雕刻

市级的文化旅游产品展销博览会，并深受行家们的推崇和喜爱。在有关单位和各级新闻媒体的大力推介宣传下，到“鸟笼村”订制鸟笼的客商更是络绎不绝。目前，回龙村已经形成了制作、收购、批发销售一条龙的产业链，这条独特的产业链必将有力地推进回龙村勤劳致富奔小康的步伐，为晋宁的文化产业和旅游业发展增光添彩。

彝族刺绣之美——晋宁彝族刺绣探魅

晋宁彝族传统刺绣主要以红、黑、蓝、白色为主色调。彝族人认为黑色象征刚强坚韧，红色象征吉祥热烈，蓝色象征干净、清秀，白色则是象征纯洁。他们用智慧和汗水，用五彩丝线一针一线地把彝家人的生活绣得鸟语花香，幸福吉祥，把美好的愿望和祝福融入绣品当中，绣出精美绝伦的绣品。

晋宁彝族的刺绣说起来比较分散，但凡有彝族聚居的地方，几乎都有刺绣，最有代表性的是双河彝族乡和六街镇新寨的刺绣。

双河彝族刺绣。双河彝族乡位于昆阳西南30公里，现有人口9000多人，彝族人口约占80%左右。长期居住在这里的彝族有自己本民族的服装，自古以来，都是自己制作服装，彝族妇

女们世世代代担起了编织制衣的责任，代代相传，形成这里的民族服装刺绣工艺。

双河彝族乡的民族服装，男装多以黑色为主，配以简单的纹饰，现在已没有人在穿。女装多以深蓝色为底色，在领襟、袖子上配上各种刺绣花边和黑色条纹装饰，形成强烈的对比。头饰以一块长条形粗布进行多层次缠绕，再用一块黑色大方巾折叠成三角形进行包裹，头饰上没有刺绣花样装饰。围腰的形状有尖头、长方形，在围腰带、围腰的面上，均绣有各色装饰花样。裤子多以深色为主，主要在裤脚边绣上宽窄不同的环形装饰刺绣花样，再配上一双绣花鞋（中老

❶ 双河彝族刺绣

❷ 学习传统技艺——刺绣

年妇女主要穿尖尖鞋、年轻妇女主要穿平尖鞋），形成了双河彝族乡妇女的服装风格。双河彝族乡的彝族服装，多数时候在彝族的节庆日穿戴。随着时代的发展，各种色彩的布料品种繁多，现今年轻妇女的服装出现了粉红、果绿等色。

大荒川村的唐兰英便是彝家绣娘中最杰出的代表。她自少年时代就对绘画有着特殊的偏爱，靠聪颖的天姿自己摸索着画起了花鸟虫鱼，到青年时代绘画逐步有了提高。16 岁时开始正式学习刺绣，她把绘画与刺绣相融合，自己画自己绣。她凭着想象和各种实物，以及田野里带来的灵感，绣出了绽放的花朵、飞舞的鸟蝶、欢乐的家禽和宁静的山林……白天干农活、晚上绣花，两不耽误。经过多年的摸索和实践，创出了堆绣、

❶ 身着艳丽服饰的舞者

❷ 刺绣交易

平绣、泡绣等绣法。画出了神话故事、寓言故事等各种题材的绣样。刺绣作品常作为礼品赠送给到访晋宁的友人。现今 70 多岁的唐兰英，亲手绘画、刺绣的作品不低于 5000 件。她凭借一双巧手，积极参加国内外各种大型展会，传承彝族传统文化，其作品流传于昆明、玉溪、文山多地，也有少量流传到省外，甚至海外，引起各级媒体和社会的广泛关注。先后荣获“云南省民族民间美术艺人”“云南省工艺美术大师”荣誉称号。

六街新寨刺绣。新寨村位于晋宁区以南 45 公里，是六街镇辖区的一个传统彝族聚集村落，由于受外来文化的影响较少，长期以来，一直还保留着这种独特的民族服饰及刺绣手工艺。

新寨彝族自称倮人，其实就是彝族的一个支系。其服饰用品刺绣手工艺是当地一种比较传统的手工艺，妇女们在农闲时节，三五成群聚集在某一家，互相交流制作。其特点为构图饱满、色彩艳丽，多以红、绿、白等色构成，线条宛转曲折、变化多样，在绣片上留有的底色较少，整个绣片都比较厚重，具有浓郁的民族特色。要做好一套完整的服装，需花五六个月的时间。

今天保留完整的是妇女的服饰，服装颜色多以黑、绿、蓝、红为主，在领口、袖口及围腰等处配上各种绣片，图案多以花、鸟、蝴蝶、蝙蝠为主，具有较强的装饰性，腰间系一块绣花围腰，在围腰上挂有汗巾、荷包、用彩色丝线编扎成的各种缀饰，色彩较为鲜艳，头顶一个公鸡帽，形成独特的服饰风格，各种绣片集中在上衣围腰及裤脚边。另外，还有小孩的背被、帽等都有绣片，图案以花、蝙蝠居多，帽子上再配有各种银饰及玉佩。

晋宁民间艺彩——段继昌泥塑简述

说起晋宁民间泥塑，段继昌是一个绝对绕不过去的人物。他不仅是晋宁民间泥塑工艺的重量级的代表性人物，也是滇中一带著名的泥塑工艺大师。在滇中一带著名的佛教寺院中，基本上都有他的代表作品。

段继昌从事泥塑制作已有三十多年，作品在滇中一带分布较广，形式多样，内容丰富，总数达三千余件。在那些气势恢宏、独具匠心、雕龙画栋的

庙宇、殿堂和文化广场上，线条流畅、比例恰当、形象生动、惟妙惟肖的作品无不让香客和游人们为之惊叹折服。较好地再现佛教文化和神话传说，对传统文化起到了很好的保护和传承作用。1998 年制作完成的普照寺大雄宝殿五百罗汉泥塑群，就是他所有塑像作品中最具代表性的作品。相传，当你抬脚迈进大殿的那一刻起，就开启了一段人和神灵的对话之旅。假如，你是右脚先跨进门槛，那就从大殿右边走起，有几岁就任意数几尊神像，最后找到的那尊神像，不论你怎么看，容貌和你相差无几，或者越看越像，甚至性情……

❶ 段继昌

❷ 段继昌泥塑作品

普照寺大雄宝殿五百罗汉

二是玉皇大帝、金童玉女。这一组作品，特点鲜明。玉皇大帝形态稳重，神态庄严，造型饱满，比例恰当。金童玉女是侍从神，主要伺候玉皇大帝，立于玉皇大帝的左右两边，金童双手拿卷轴，玉女双手端一个酒壶，塑像造型比例适中，神态安详，线条圆润流畅，疏密有致。在郑和公园玉皇阁等地能看到他的这一组代表性作品。

三是金肖、银肖、壁肖。这是一组民俗神，俗称三肖，她们是老百姓通过美好精神向往而想象出来的一组神灵，在晋宁广大地区的寺庙中都有。中为金肖、左为银肖、右为壁肖。金肖为送子神，银肖为保子神，壁肖为万灵之神。金肖怀里抱着一男一女两个小孩，男孩子手拿莲花，形态生动、活泼可爱，三肖神态恬静安详，造型比例适中，线条流畅，色彩搭配得当。

四是山神、土地。该组塑像在晋宁区流传甚广，几乎每村都有。它被民间尊为地方守护神，此组神像一般立于土地庙中，神像尊称：山神、土地、五谷太子、田公、地母，其含义是保佑当地五谷丰登、人丁兴旺、风调雨顺、粮谷满仓。

值得一提的是，1997 年，32 岁的段继昌塑造了上百件《郑和像》《航海罗盘》等系列作品，被中国社会科学院推荐参加了在马来西亚吉隆坡举行的“纪念郑和下西洋”环球展览，并获得荣誉证书。部分展品被马来西亚首都吉隆坡博物馆永久性珍藏。

段继昌 1998 年被云南省文化厅授予“云南省民族民间美术师”荣誉称号；2006 年，被云南省文化厅命名为云南省非物质文化遗产项目代表性传承人。

独放异彩的文化图腾——晋宁圣贤画探秘

圣贤画是至今仍然流传在晋宁民间的一种独特的文化图腾。主要分布于除双河、夕阳两个彝族乡之外的各乡（镇、街道），晋城镇尤为盛行，在周边的地区也有流传。圣贤画作为家庭祭拜的神灵牌位中的一种，是绘画形式的神灵牌位，悬挂于家坛，用于膜拜，俗称老爷。

圣贤画在明末至民国时期的晋宁境内比较盛行。据了解，在新中国成立前，除彝族地区外基本家家都悬挂圣贤画，新中国成立后由于“破四旧”运动，圣贤画一个时期销声匿迹，有很少部分家庭仍改用纸质“天地国亲师位”进行膜拜。改革开放后，部分圣贤画传人又开始从事圣贤画的绘制，此技艺才得以恢复。

绘制圣贤画

圣贤画作为一种民间卷轴画，主要有三轴一堂、两轴一堂、一轴一堂。根据轴数的不同其内容有不同的组合。结构布局上均分上、中、下三层，且左右对称。上层内容多为天神，中层多为帝君、圣人、祖师，下层多为百姓生活中推崇的贤士、神灵。主要神灵居中，次要神灵居左右，主要特点是关圣公都是居中层正中间位置。一般采用墨线描勾勒、国画颜料淡彩平涂，局部施以淡墨略加渲染，最后点以金粉勾勒局部加以揌神等方法进行绘制。厚绵纸为传统用纸，后发展为牛皮纸，现多采用美术纸，工具使用毛笔。绘制完成后须装裱。作品绘工精细，墨色清淡，色彩朴素，结构饱满，内容主次布局有序，结构严谨，内容丰富。

圣贤画绘制的是民间佛教、道教及民俗神灵的画像，是祭天地、君国、祖先、圣人等民间祭祀的综合，主要乞求国泰民安、吉祥如意、财源广进、五谷丰登、六畜兴旺、家庭和睦、人丁兴旺、清洁平安、避邪等。圣贤画绘制完成后，需请先生（懂阴阳术的人）、端公（民间法师）杀公鸡跳神或念经进行开光仪式后，方可悬挂进行日常祭祀活动。安装仪式时须从窗子请入，以示对神的尊敬，同时宴请亲朋好友。

在晋宁圣贤画里，还有一种根据需要者的职业或是需要膜拜的对象制作的圣贤，如行医或求医者，通常会要求画师画上玉皇大帝、药王先师、号脉先师、地理先师一类神仙形象。木工瓦匠求画，通常要有鲁班。铁匠求画，通常要有太上老君。渔民求画更为特别，许多神仙都同渔业生活有关，船有船神、撑杆神、桅杆神、四方龙王、织网姐姐、打鱼哥哥、挑鱼童子等等。另外，圣贤画中的“大案”是家业不顺时驱鬼避邪专用，根据不同事由而所画神灵内容同常见的圣贤画有很大的差异，表现为一种神鬼崇敬。

由于滇池地区是多元文化融合的区域，所以圣贤画承载了多元宗教文化元素，有佛教（如观音、护法韦驮）、道教（关圣帝君、文昌地君、文武财神、玉皇大帝、龙王、各种童子）、民俗宗教（青龙、白龙、锅、灶、牛、马、猪、鸡、鸭、谷米等神灵）。圣贤画在这片有着2000多年历史的土地上产生并发展传承至今，它承载并记录了当地的历史文化，反映出当地民族文化相融合的信息。在圣贤画中出现的青龙、白虎图腾，与当地大理国时期北方天王摩崖造像石刻中的虎龙图腾位置、形象相一致。由此可以看出圣贤画具有悠久的历史，在长期的社会历史发展过程中各民族文化相融合

圣贤画

的事实得到了印证。

现专门从事圣贤画制作和销售的群体不多，一般以家传方式进行传承。第四代传承人罗得洪、赵水才，两人作品风格略有不同。罗得洪绘制的圣贤画融入了传统国画的绘画技法，线条流畅，在人物的刻画上施以淡墨渲染，色彩古雅，使画面人物形象略有立体感。而赵水才的圣贤画作品倾向线条刻画人物，装饰性强，更具有民间艺术绘画风格，形象质朴、造型生动。罗得洪10岁跟随父亲学习圣贤画，其作品已达1500余件，主要流传于玉溪、呈贡、澄江等地，其作品风格古朴典雅，做工精细，技艺娴熟，图片资料被录入《民间艺彩——昆明市民族民间美术集锦》《昆明民族民间造型艺术》。1999年被省文化厅命名为云南省民族民间美术艺人。

多姿多彩的民间文化

在晋宁灿烂的民间文化中，多姿多彩的民间歌舞乐是其最精彩、最绚烂的篇章。最具代表性的是秧佬鼓舞、颠乐、跳乐、小独龙舞、耍龙灯、宝峰调子会等。

舞动的晋宁——秧佬鼓舞

在滇池南岸的晋宁区各地，流传着一种粗犷奔放的民间舞蹈——秧佬鼓舞。可以说，近二十年来，她为宣介晋宁、提升晋宁对内对外的影响力、知名度和美誉度起到了不可或缺的重要作用。她舞动了晋宁，舞美了晋宁，更舞热了晋宁！

在滇中一带秧佬鼓舞也称花鼓舞，彝语叫“折波彼”，意为敲着空心木跳的舞蹈。目前主要流传于晋宁区双河彝族乡、夕阳彝族乡、宝峰街道等地。在晋宁区几乎村村寨寨都有秧佬鼓舞队，它以双河彝族乡为圆心，辐射到全区各乡（镇、街道）。

秧佬鼓舞是由彝族先民在长期的生产、生活中创造发展而来的，最初是为庆祝狩猎有收获而跳，后逐步延展、演变为祭祀祖先和神灵。这一延展和演变，经历了漫长的历史时期，因此，在不同的历史时期，有着她特定的社会功能，对她的解读也就产生了多种多样的释义。

秧佬鼓舞在20世纪50年代之前主要由青壮年男子跳，80年代后始有年轻女性参与其中，今天的主角则变成了 40 岁至 50 岁上下的中年妇女。秧佬鼓舞的指挥为龙头，龙头上至今仍保留有动物山鸡的羽毛装饰，这是在形成初期就留下来一直保留至今的一个具有“化石”意义的鲜明印记。而龙头是狩猎者手中的弓、弩等狩猎工具的变形，后由于与汉文化的融合而演变为今天的龙头，随着由狩猎方式向农耕方式的转变，秧佬鼓舞也逐渐演变成为祈求丰收，祭祀祖先、婚丧、节日仪式上的舞蹈。

秧佬鼓舞以无旋律性音乐伴奏，她以龙头为核心，其他舞者身背秧佬鼓，在大锣、小锣、大镲、小镲的伴奏下舞蹈，紧鼓节奏欢快，刚柔相济，动作变换多样；而板鼓动作刚健有力，粗犷大方。在打击音乐的伴奏下，舞者和着节奏明快的点子随龙头舞动，身体随脚步前俯后仰，起伏较大，忽转忽跳，时蹬时颠，刚健有力，气氛热烈，使人精神振奋，足以将人们

❶ 欢腾的秧佬鼓舞

❷ 晋宁秧佬鼓舞在北京夺金牌

❸ 潘长江学跳秧佬鼓舞

的情感引向难以抑制的忘我境界。

随着社会的发展，原来只有彝族跳鼓，而现在，汉族的鼓队也发展壮大起来，据不完全统计，晋宁区至今共有秧佬鼓队 400 余支，每村均有 2 至 3 支秧佬鼓队，其中以双河乡秧佬鼓队最具代表性，多次代表昆明市参加省、市大型广场文化体育活动。如：1998 年参加“西奥夫”第 29 届世界年会暨第六届亚洲民间艺术节巡演；2001 年 6 月，代表云南省进京参加“山花奖”居庸关长城杯中华鼓舞大赛荣获金奖； 2004 年 5 月和 2005 年 4 月两次代表晋宁参加昆明市举行的第一届、第二届昆明国际民间鼓舞大赛，荣获三等奖、一等奖。2008 年 6 月， 600 人的秧佬鼓舞队参加北京奥运会圣火传递昆明站启动仪式；还在昆明市第七、第八届少数民族体育

运动会中均获第一名。2011年，中央电视台在昆阳街道、双河、夕阳拍摄专题片《风采晋宁》，通过第十五套《民歌中国》栏目，向全国观众展示了晋宁民族民间歌舞乐。

晋宁秧佬鼓舞被人们誉为“云南的威风锣鼓”“金牌秧佬鼓”。

❶ 火把节上的秧老鼓舞

❷ 倮人“颠乐”

最炫民族风——晋宁民间舞蹈花絮

晋宁的民间舞蹈十分丰富，有秧佬鼓、跳乐、颠乐、花棍舞、大龙舞、小独龙舞、板凳龙舞、兵器舞、面具舞、毛驴灯、狮子舞、蚌壳舞、腰鼓、旱船、扇花、仙鹤舞、踩高跷、花灯歌舞、大头宝宝等近二十种，本文仅简要介绍几种舞蹈。

彝族倮人舞蹈“颠乐”。六街镇新寨村是彝族支系倮人的聚居地，这里流传着一种深受群众喜爱的舞蹈——颠乐。

颠乐是一种广场舞蹈，是彝族倮人青年男女相互交流，建彝族“跳乐”

立感情的一种舞蹈形式。一般由本村与外村青年男女相互约定时间，聚集在某村公房或者旷野开阔地上，由1名或者多名月琴手弹奏颠乐音乐，其他舞者合着音乐一同起舞。它适应性较强，其主要特点是载歌载舞。舞者合着弦子或月琴等乐器的节奏围成圆圈起舞，人数不限，可三五人，也可几十人甚至上百人同场起舞。舞步主要表现在下肢部分，即脚上的基本语汇，用颠步、跳走步、踢脚跳、吸腿走跳、吸腿转圈、左右出胯等动作来表现，风格特点大都保持了吸腿屈膝、送胯。脚掌带有弹性、颤动，使上身随之起伏，在整个舞蹈动作过程中，有种韧劲，动作与舞伴对跳时一般往左右方向送胯对脚，动作干净利落，潇洒大方，双手随节奏频频拍掌，气氛越热烈，动作越欢快。共有20多种套路。

颠乐的源流，文献和民间均无记载。民间有一种说法：当地倮人男女青年为抵抗包办买卖婚姻而集伙成群地奔往深山密林，在深

山密林中唱唱跳跳、边歌边舞，由此便产生了这种舞蹈形式。今天，虽然在原有的舞蹈语汇的基础上，融入了一些时代的元素，使颠乐有了一定程度的创新和变化，但它仍然保持着固有的独具一格的特点，成为一种独具彝族倮人特色的文化艺术符号。

晋宁彝族“跳乐”。在晋宁彝族聚居的双河彝族乡、夕阳彝族乡以及二街镇响水村、宝峰街道罗武村等地，民间广泛流传着一种叫“跳乐”的广场舞蹈。当地民间把这种喜闻乐见、人人会跳的民间广场舞蹈叫作“挝乐”或“跳乐”，亦称“彝家乐”。

“跳乐”是一种适应性较强的舞蹈，不存在表演的季节性，但都有特定的场合及时机性，通常是未婚男女青年夜晚相约，继而点燃篝火，围火成圈，同场而舞。其主要特点是载歌载舞，舞者合着弦子或是月琴、树叶等乐器的节奏围成圆圈踏地而跳，人数不限，可多可少。它有一定的歌舞曲，边唱边舞，歌舞一体，每首调子有其特定的舞步，如果不懂调子也就难以学会舞步。不同家族、不同辈分的男女青年均可同场起舞；同家族、同辈分或不同辈分的则不能同场而舞。

关于“跳乐”的流源，文献和民间均无记载，亦无可靠传闻，现民间有一说法：它是彝族村落中的先民们为交流思想感情、寻求配偶而创。它颇受当地彝族男女青年喜爱。尤其是在火把节、元宵节等民间传统节庆日，都能在彝族村落中看到这种舞蹈，当地青年男女也非常欢迎亲朋好友和来宾们与他们一起共同狂欢，交流情感，共同感受这一充满浓厚乡土气息的文化盛典。

滇池岸边耍龙灯。“龙”是中华民族的图腾。中国古代劳动人民为寄托美好愿望而创造了龙的形象。早在殷商时期，铜器和骨刻上就有龙形图案，到了周代，铜器上的龙纹就已渐趋完整。晋宁石寨山出土的青铜器——铜编钟上也刻有龙

1 舞动新春

2 宝峰调子会耍长龙

形图案，人们把龙作为吉祥的化身，认为能给人们带来风调雨顺的年景，因此人们用舞龙祈祷神龙的保佑，以求得风调雨顺、四季丰收、万事如意。

特别是在遇到干旱的年时，人们更要耍龙祈求降雨。因此在每年春节和重大庆祝活动中，滇池西南岸各地乡村、广场、院落都要耍龙。人们舞起用竹扎成骨架、再用绸缎或布匹做龙衣、并经过彩绘的彩龙取乐，表现欢快的心情。这种表现形式，早在汉代民间就已相当普遍了。唐宋时期耍龙吐火的技巧已经是常见的表演形式了。随着社会的发展，经过民间世俗不断加工制造，到现在“龙舞”（民间艺人称“耍龙灯”）已发展成为一种形式完美、具有相当表演技巧和带有浪漫主义色彩的民间舞蹈艺术，色彩各异、形式多样的各种“龙舞”相继产生，广为流传，沿袭至今，一直为人民群众喜闻乐见而盛行不衰。

多在大年初一、初二、初三及正月十六和庙会等期间耍“龙舞”。表演有“单龙戏珠”和“双龙戏珠”两种。传统的龙身一般由12节组成，每节间距5尺左右，每一节称一档，组成龙身的“节”；新式龙为国家正规比赛用的9节龙。滇池周边的昆阳街道、上蒜镇、晋城镇等地都集结有约20支左右的大龙舞表演队伍。这些队伍中的“龙”普遍为12节龙，也有部分为9节的比赛龙。

古城米线节舞龙

小独龙

成立于2003年初的上蒜镇河泊所的舞龙队是晋宁区舞龙队的主要代表。当年春节就上昆明参加了“百龙闹春”活动。2004年5月参加昆明市第五届农民运动会开幕式表演，并参加了“龙狮”比赛项目的比赛，荣获国家龙狮规定套路比赛一等奖，自选套路二等奖及两项全能二等奖。2004年7月代表昆明市到思茅参加省农运会的舞龙比赛，获国家龙狮规定套路一等奖，自选套路二等奖，两项全能二等奖，自选创作编排二等奖的好成绩，一跃成为云南省屈指可数的较强的龙狮表演队之一。

2016年，昆阳街道组织训练了4条9节龙，目前，这4条9节龙已多次参加区里组织的大型活动，承担多项表演任务并在活动中屡创佳绩。

晋城广济小独龙舞。小独龙舞是龙舞中的一种独具特色的表现形式，是流传在晋宁区晋城镇广济村一带的广场舞蹈。它的历史源流无文字记载。龙是中国人共同的图腾，她象征着如意吉祥。龙舞在中国广为流传，但小独龙舞却是凤毛麟角。

小独龙舞与其他龙舞有所不同，表演时为两人一组，一人手拿引龙珠，另一人为舞龙者，身背一条长2.5米的独龙，两人配合同时进行表演，表演是以锣鼓为伴奏，节奏性较强，动作简单，但比较形象。动作主要靠舞龙者手臂的变化和各种动态及造型的变化，把龙的各种形态，展现在人们的面前。

在动作上，它采用了一般舞蹈中常用的动作和造型，手上的动作如斜托掌、顺风旗、托按掌、双晃手、高低手等，脚上的动作舞动时一般采用小跑碎步，亮相造型有端腿、大八字步蹲、单腿跪、前弓步等。手和脚上的动作配合，可分为龙伸腰、龙头吃龙尾、龙盘柱、龙欢喜、龙翻身、龙戏珠等动作组成一套组合。表演时可反复出现。亮相造型上，可分为立姿造型和跪姿造型。风格特点上，是以汉族舞蹈为主，吸取了戏剧表演的亮相手法，动作干净利索。舞动时，龙头紧跟龙珠，身

体随右手（拿龙头）进行摆动。

小独龙舞因龙身小，一般只有两节，龙头舞动时不需消耗太多体力，故而比较轻巧，可以表现龙的各种姿态和技巧，有条件的地方，可以几条同时进行表演，其数不限，气氛热烈而壮观。

晋宁火把节趣闻

彝族火把节的传说民间有多种版本，但其形式都大同小异，都是在农历六月二十四、二十五两日集中举行仪式，欢度节日。每到火把节这天，彝乡的人们杀鸡宰羊宴请亲朋宾客，每家都要有几桌客人。上点年纪的人们围在自家的火塘边喝老白干，吹闲牛；青年男女们点起火把汇聚在一起跳起“彝家乐”、唱起山歌小调，交流心中的感情。那火把如同长长的火龙在山野里、在田间地头流动，十分壮观。它表达着彝族人民对美好生活的祈求和向往。

彝乡火把节

双河狩猎山庄和夕阳大绿溪等地每年都举行规模盛大的火把

节。这一天，数万群众汇聚在火把场欢度节日，当天还组织大型点火仪式和文艺演出等活动。当地政府还邀请各级领导和社会知名人士出席活动，共同见证彝族的传统节日，领略彝族独特的民俗文化。由此，彝乡的火把节就形成了由当地政府主办的民族民间文化生态旅游的盛大节日。它将彝族传统的火把节赋予了新的时代意义和内涵，形成了彝族人民奔小康的一座桥梁。

在晋城一带，火把节时还有这样的风俗，婚久不孕或无子嗣的夫妇，会邀请青壮男子多人，前往晋城忠烈祠或南门梵王宫，北门天仙宫，西门龙井庙等寺院，“抢走”存放在里面的朱红大型火把，点燃后向菩萨磕过头，随即敲锣打鼓扛着火把蜂拥回家，夫妻跨火把三次。据说这样便能怀孕。“抢走”火把后若生了子女，则须制双火把还回寺院，谓之还火把。

在六街镇新寨一带，火把节也是当地彝族的重要传统节日，农历六月二十四以前，每家都要准备一只公鸡，年轻小伙子制作火把，年轻姑娘绣制花腰带、汗巾，家家户户打扫得干干净净。六月二十四一早，女人带上公鸡、米、酒到山神庙里祭拜山神，他们叫“领生”，回来时每人都要从山上带回一

“包晌午”民俗活动

对石头，祈求家中牲畜兴旺发达。每家都要把嫁出去的女儿、女婿接回家中过节，饭前要煮两个鸡蛋，煎几个小鱼用荞叶包好在家里祭拜祖先后方可进餐。晚上，年轻小伙纷纷在村口点起火把，围着田地绕一圈，唱着祈求丰收的调子，祈求田地作物丰收，新寨一带的彝族青年男女聚集在山头和村口，燃起篝火，唱起彝家调子，跳起倮人的颠乐。当晚，年轻男女相互中意，彝族姑娘会送给小伙腰带、鞋子或汉巾，他们称“打亲家”。欢歌笑语直至深夜。

在六街镇，火把节当天（六月二十五）还兴“包晌午”。即举家到野外进行野炊。这一天，六街人民呼朋唤友，用各种交通工具运着锅碗瓢盆，桌子板凳和各种菜肴到野外野炊。每年的这一天，从六街到石门坎水库的道路都被各种车辆堵塞，当地政府都要派出几十名干部职工到现场疏导交通。是日，一两万人汇聚在石门坎水库周边的草地或松林间野炊，盛况空前。有的人家在当天请三五桌亲朋好友，有的人家则请十多桌甚至几十桌客人。六街当地人把这一活动叫“包晌午”。

宝峰正月接佛

正月接佛习俗，相传始于明代。源自一个民间传说。

其间，宝峰片24村从正月初一至十六，按村庄分先后将供奉于宝泉寺中的四尊佛像分两路接入村中寺庙供拜。初一由普家村、上铁锁村开头接佛；十六由莫家庄、任家营两村收尾送四尊佛像归入宝泉寺中。这一过程在宝峰一带就叫接佛。

佛像由四名英俊的未婚男青年抬着，前面是童男童女抬幡开道；后面是两名童男童女抬着一火盆，上覆柏枝柳叶，青烟袅袅；接着是许多老者和善男信女，随后是秧佬鼓队。佛像被接进村时，村民早已将桌子摆在村口路边，桌上摆放糕点、水果等供品，家家户户相连，排成长龙，桌边站满了人群。佛像到达村中时，锣鼓鞭炮齐鸣，经久不息，热闹非凡，这叫“迎佛”。佛祖接进村中的寺庙，当晚村中会有老人守夜陪佛直到天亮。寺庙中还将举行唱花灯、对调子、跳秧佬鼓等文艺活动。活动直至深夜或天明，场面非常隆重，气氛热闹异常。

下一个村庄的接佛队伍来接佛像时，队伍一进村庄，该村人会放着鞭炮，跳着秧佬鼓舞，团团将接佛队伍围住。不让下一村将佛祖接走，以表达对佛祖的挽留之意，至中午时

❶ 沐浴

❷ 接佛庙会

❶接佛活动
❷开心观众
❸调子会对唱

分方放行。

佛祖归殿后三天内在宝泉寺中有唱戏、唱调子、跳秧佬鼓、要大龙等文体活动。这三天的活动每晚都要持续到深夜三点钟左右。庙门周围有各种各样的商品交易摊点。宝峰上下十里八乡及邻近的县、市都有人前来参加、观看。直至正月十九，接佛庙会方告结束。宝峰正月接佛庙会，寄托和承载着宝峰人民祈求风调雨顺、五谷丰登、六畜兴旺、人民幸福安康的美好愿望。

宝峰调子会

晋宁人特别喜欢唱山歌小调，这与滇池之滨的灵山秀水的养育和熏陶分不开。无论你走在田野里还是走在山坡上都能听到悦耳的歌声；如果你到了双河、夕阳的彝家山寨，那无处不在的悠扬山歌声更是能让你如痴如醉。近年来，唱山歌小调最盛大的场面当数宝峰街道闹春调子会，每当元宵节，来自四面八方的山歌手们汇聚在这里，把最精彩、最优秀的山歌奉献给人民群众。

宝峰调子会始于1998年春节，并于次年经乡人代会确定为每年固定在元宵节举行的传统文化活动。比赛当天，来自省内外和邻近乡镇的各路歌手和爱好者云集宝峰文化广场，人山人海。比赛高潮迭起，一对对歌手分别登台，亮开歌喉对起了优美的民间小

调。起初几年，比赛在山坳公园进行，后来移至宝峰文化广场，到2018年，已成功举办了21届，共有1000多名歌手登台参赛，评出调子王40余名，观众总人数超过40万人次。云南电视台曾多次参与联办并录播。目前，宝峰调子会已成滇中一带最具影响力的一个民间民俗文化活动。2013年，宝峰调子会已被公布为云南省非物质文化遗产保护名录。

米线节追根溯源

“米线节”民国以前又称“米线会”，在民间也称“豆糠节”，主要流传在昆阳街道昆阳片区和古城片区的部分村寨。它是由昆阳当地汉族的迎土主、城隍仪式发展演变而来的民

❶ 调子会对唱

❷ 米线节

俗传统节日，从农历二月八日起至三月十三日止。是滇中一带集农耕、民俗、饮食等文化为一体的独具地方特色的民俗节庆。

米线节源于对土主的崇拜，是各村迎土主、城隍仪式经长期的发展演变而来的节日，节日期间都以米线为主食，故名"米线节"。据《昆阳县志》（1943年）记载，"献岁发春，豫悦情畅，乡中各户，为米线会，开阁延宾，属餍酒肉，而以米线将之，非亲非故，望门投止，罔弗欢迎，近以生计艰辛，无复当年豪举，第聚亲属，接杯举触而已"。民国以前，昆阳街道的广大乡村都过米线节，主要集中在昆阳城西边的村寨，且相当隆重，各村的节日有所不同，回龙村为二月八日，挨山村为二月十六日，田心村为二月十七日，太史村、兴隆村为二月十八日，下方古城村为三月十三日。节日期间各家各户都要杀鸡宰猪，买肉备酒，款待回娘家的女儿女婿及其他至亲好友，主食米线，气氛不亚于春节。

米线节的主要内容是举行迎城隍仪式、文艺表演、吃米线等。是日上午10点，在村中主持的带领下，全村信徒集中在城隍庙，举行祭祀城隍仪式，仪式结束后就餐。下午1点，在主持的带领下，举行迎送城隍仪式，迎送队伍由主持、文武城隍仪仗（供品、神首、幡、肃静回避匾牌、纸扎神马、奏乐队等）组成，紧随其后的是约200人组成的狮子舞、毛驴灯、秧佬鼓舞、旱船队、扇花舞等迎城隍队伍，一路锣鼓喧天，鞭炮齐鸣，浩浩荡荡，规模宏大。队伍从城隍庙出发，绕村巡游一周后回到庙中，其间分别在村西、村东、村子中心举行祭祀仪式，宣读祭文，祭拜五方神灵，祈求上天保佑全村风调雨顺，幸福平安。仪式结束后，在村子内举行花灯、歌舞表演，气氛热闹非凡。村中各家各户大摆宴席，邀请至亲好友前来品米线、迎城隍，感受民俗传统文化，整村洋溢着喜庆祥和的节日气氛。

迎送"城隍老爷"

名贯古今 誉扬海外

——滇中宗教文化圣地晋宁

在滇池南岸的昆阳周边，散落着五片珍珠般明丽的庙宇、摩崖石窟、洞穴壁画和道观。它们名贯古今，誉扬海外。信步其间，体味文明，了结心愿，领悟真谛，悟道人生。

一

古滇国都邑晋城镇，有着云南佛教圣地美誉的盘龙寺坐落这里。寺内，名木古树繁多，诗文、书画、楹联、横匾、碑铭难计其数，极为珍贵的有元梁王、徐霞客、永历帝、担当、钱南园、袁嘉谷等人手迹。

盘龙寺，始建于唐武德年间，寺址万松山，寺名万松寺。唐代诗人王宗诗曰："万松青一色，寺创万松间。凤鸣鸟声碎，云深僧意闲。波涛喧大壑，日夜闭重关。蜡屐空阶里，徐行印鲜斑。"唐代，正是佛教入住云南之际。宋代，灌顶法师、无言和尚在寺中设坛讲学，寺内僧道众多。元朝，崇照、无文、智识、贸财、鸠工等七道友，增建"大盘龙庵"、观音寺、天王殿、药师殿、罗汉寺等殿阁庙宇。殿阁庙宇坐落之处，山形酷似盘龙，故山更名为盘龙山，寺更名为"盘龙寺"。崇照，"遍游海内名岳及西域诸国，得道归盘龙山"（《盘龙梵刹》），被后人尊为盘龙祖师。明初，祖源和尚建盖藏经楼、观音殿，

盘龙寺正门

盘龙寺粗具规模。随后，又增建祖师殿、西方三圣接引佛殿、宝华庵等佛宇殿阁，创建玉皇阁、元和宫、复阳庵、斗姆阁、睡佛殿、吕祖殿、不二门等道教宫观。透过大明中晚期隐喻诗人代表唐尧官的“画阁中天起，崎岖石磴重。客游春载酒，僧饭午鸣钟。老树栖双鹄，幽泉泻五龙。心中无一事，挥尘自从容”，后人能清晰地看到弥漫在庙宇殿堂中的密宗思想，已经来到了晋宁民间。明末，落座盘龙山的寺观数十座，庙宇450间，释、道、儒诸神塑像1000余尊。清代，名士周华林览胜盘龙寺，作《盘龙山》：“蜿蜒山不断，作势欲盘龙，树杪藏萧寺，云根隐秀峰。”道出了盘龙山的锦绣与神奇，催生了借盘龙山之景，

❶盘龙寺大雄宝殿
❷盘龙寺全景

倾诉忧国忧民、展鸿鹄之志的不少诗篇。

今人游盘龙寺，从庄蹻塑像沿晋江公路前行一里，折转向东，眼前即现一座古色古香的高大牌坊。牌坊上书“盘龙寺公园”巨幅横匾，两楹柱上的对联：神州春浩荡，大地日光华。匾额、楹联皆出自著名学者、书法家、前全国人大常委会副委员长楚图南之手。背面，横匾“滇南灵境”为著名书法家冯国语手书。门柱上的长联为云南大学中文系主任张文勋教授手书：名山藏古寺，般若清虚性理归一体，三教文化传海内；曲水绕盘龙，天时地利人和涵五德，九州生气满滇中。

牌坊内，是一条两车道的柏油马路，路两旁商店林立，多为售卖香烛纸钱的摊铺。沿路走数百米，映入眼帘的是一座金碧辉煌的牌坊——盘龙山门。正面书有“佛法重辉”，背

盘龙庙会

面书有“滇中秀景”，字大如斗，飘洒神异，苍劲有力，令人遐思万千。门柱上有两幅楹联，一幅倾诉盘龙山胜境，一幅倡导弘法行道，意境清丽、悠闲、缠绵。

踏进山门，闯进眼帘的是映山湖，湖水盈盈，碧波荡漾，盘龙山倩影倒现。从此攀山的道路有两条：一条是顺湖滨大坝往南，沿凤凰山、映山山麓蜿蜒而上，沿途为自然风光；另一条是沿象山山麓向盘龙山盘桓而上，沿途有迎仙桥、三道天门、睡佛殿、吕祖亭、不二门、龙树、哼哈二将殿、新亭等，是一个自然与人文浑然天成的别样景区。

两路在盘龙寺正门前交汇，景致各有千秋，到此一游勿忘皆顾。

“滇南灵境”是“入”境之门。进了“滇南灵境”，你才算是置身盘龙福地。盘龙山门，是“入”山之门，只有进了山门，你才走进了佛、儒、道三教合一的世界。天门，有三道，是上“天”之门。只有不畏艰辛登上三道天门的人，才能进入道教的最高境界，得其教化、获取真知、得道成事。盘龙寺正门，是“佛”门，是“道”门，也是“圣”门。进了寺门，你置身的是一个集天地、神灵、精神为一体的神奇世界。

每每盘龙庙会，盘龙山上都会紫烟袅袅，锣鼓声鞭炮声不绝于耳。省内的善男信女蜂拥而至。港、澳、台及海外弟子、游客纷至沓来。山道中、庙宇里，香客、游客川流不息。传统联欢活动，引来香客融入蚌壳舞、腰鼓舞、花灯、戏曲的表演中。人山人海，水泄不通。这种非凡的景致，在滇中、在省内没有一所寺院能与之媲美。

盘龙寺是胜景，也是一部云南的宗教文化发展史书。

二

北方天王石刻像

上蒜镇存有“北方天王石刻像”“观音山、洗澡塘洞穴壁画、题记”，它们是迄今为止，在云南被发现的、保存比较完好的、不可多得的，能够反映出五代至元末时期，佛文化在云南传播与发展情况的摩崖石雕、洞穴壁画。

“北方天王石刻像”，当地人呼之“石将军”。放舟滇池，遥望石将军山，自山腰上 200 余米处，突兀起一片三四百平方米直刺云霄的石崖，石将军就镌刻在这片石崖上。置身石将军旁，云卷云舒，仿佛是立在云丛中。从山顶往下看，天王寺静立在山坡上，读史得知，这是一片先神后庙的人文景观；昆玉高速从山脚穿过，车流如织，滇池水时来时去，不断地冲洗着石将军山的脚趾；离此不远的新昆明南城、西城，夜幕下五光十色，繁华尽现。抬头眺望，滇池一会儿如九天落玉，一会儿

石将军眺望滇池

似凝霜宝镜，一会儿碧波荡漾，渺渺茫茫；西北面的睡美人安卧山中，雨雾里，和西山及其龙门一样时隐时现。

石将军，身高 5.3 米，宽 2.4 米，头戴宝冠，耳下垂环，大鼻阔口，面目狰狞，身穿甲胄，外罩袍服，左手叉腰，右手执三戟，腰间左右佩双剑，左足蹬龙，右脚踏虎，龙周围饰云水游鱼，足外侧各置一骷髅，两足间有宝物形饰物。像左上方刻有大小塔各一座：小塔托以卷云纹；大塔为密檐式十三级方塔，塔基为须弥座，第一层饰莲瓣纹，正中开有卷门，第二层以上至第十三层各檐正中饰佛龛。第一、二檐层稍窄，第四、五、六层较宽，第七层以上逐渐收缩变矮，各层出檐甚浅，上下相结甚密。在小塔与大塔之间，刻有阳文颜体正书“大圣毗沙门天王”榜题一块。“毗沙门”即佛教崇信的四大天王中的北方天王。《法华经·义疏》说，此天王恒护如来道场，多闻佛法，故又名多闻天王。整个摩崖石刻为浅浮雕，雕刻技法粗犷，像身佩戴及周围庞杂。

景致的美轮美奂，石将军像的神秘由来，引来了览胜、探谜的文人、学者和焚香礼佛的百姓。神秘虽说至今无人能解，不过，

观音洞

石将军像为云南佛教石刻艺术的珍贵实物是早已得到世人认可的。

观音山洞穴壁画，共有7组，126身神像，用红、绿、蓝、棕、黑等色彩绘制，为元代作品。最大一组，高3.5米，宽4米，画像103身，中部主像为释迦牟尼坐像，高1.7米，是洞内最高最大的佛像，左右和上下为分排有序的侍神，画像从中间向两头逐渐收小，最小的佛像约高0.3米。不少佛像旁有题榜，可识别者以阿弥陀佛最多，其他的还有“南无微妙声佛”“南无迦叶佛”“净土五佛”“大日遍照佛”“不空成就佛”等。

洞南端靠顶壁，有两尊菩萨，造像精美。右为白度母，左为绿度母。白度母，身白色，结跏趺座，双手作弥陀禅印，上身半裸，细腰平肩，佩戴宝冠、项链、手镯、大耳环。绿度母，身绿色，右手施无畏印，其余与白度母相同。

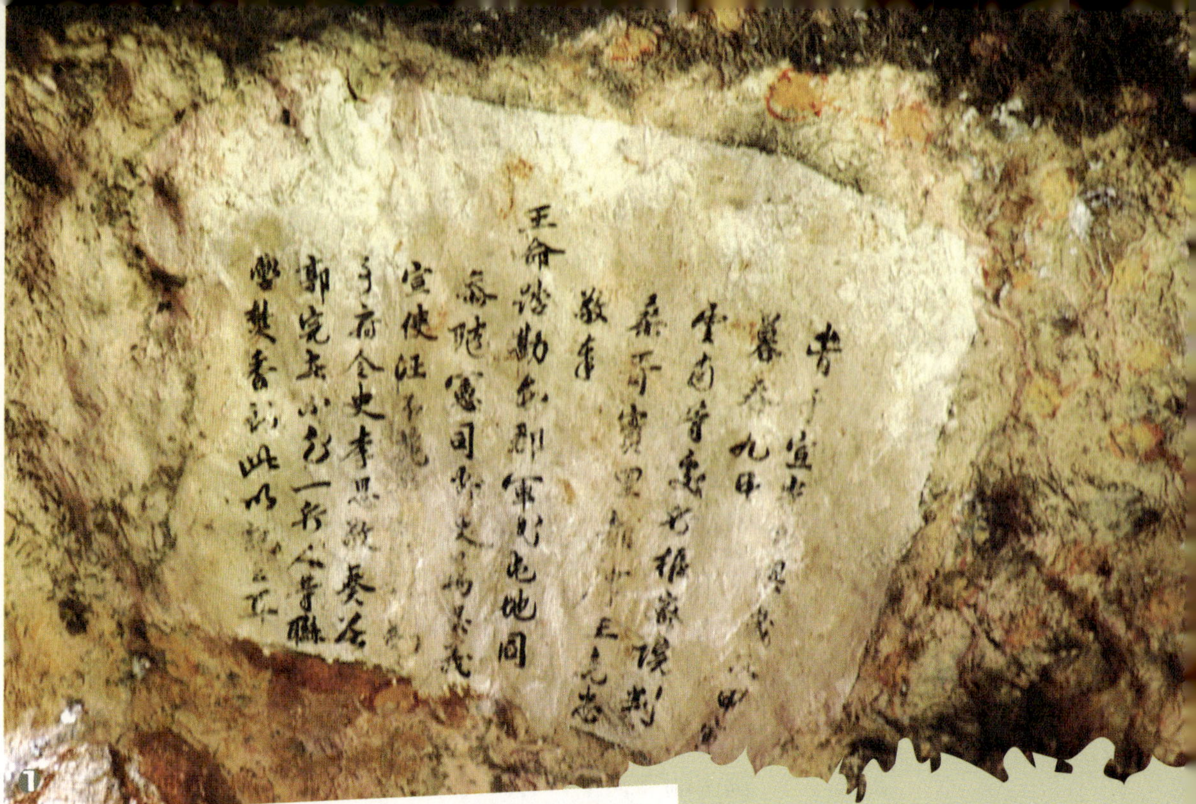

在洞中绘制的11座佛塔中，只有一座有榜题，即“舍利宝塔”。11座佛塔，虽说神韵各异，百态千姿，但都有台基须弥座，覆钵状塔身，相轮、仰月、宝珠，均属喇嘛塔造型。洞顶绘有群星、皓月。群星，或三四颗，或七八颗，它们被红线相连，用意显为表示一个个星座。皓月，大如盆，中间勾有一展翅飞翔的三足乌及一树盛开的桂花，左有白兔捣药，右伏一蟾蜍。

洗澡塘石洞壁画，在洗澡塘村南面，距村子约为300米处的石岩上。洞口直径约4米，进深7米，高距山脚10米。洞内左右壁上有古代绘画，画面上有佛教神像二十一身，大部分色彩已褪去，模糊不清，可识别者有观音、西方三圣、罗汉。另一壁画，画有一

❶ 观音洞元代壁画榜题

❷ 观音洞元代壁画

红袍官员，走在前面的是两个侍卫，紧跟其后的是两个官员，一红袍，一绿袍，皆戴头盔，似武官。画旁有题榜，直行楷书："嘉靖三十五年□□初五日……"其实，这样的墨书题记，在洞内壁上很多，但是，能看清楚的只有七处，即大理国道隆四年的草书题记一处（"道隆"，大理国王段祥兴年号，"四年"即公元1242年，相当于南宋理宗淳祐二年）；元代至元年师云题记一处；元代至正十三年杨义芳题记一处；明代万历十六年张洪言题记一处；民国时期杨正礼、方树梅、宋嘉靖等人题记三处。最为抢眼的是云南省现代著名文献学家方树梅题写的一首七言律诗："清和访古徧崇隆，三拜人嘲好事嗡。段氏城颓芳草外，僰人村隐绿杨中。山深四月莺声少，洞古千年佛像工。为爱此乡乎号永，避秦鹿豕万相从。"

观音山、洗澡塘石洞壁画证实：佛教至迟在南宋淳祐时期就传入了晋宁境内，并开始影响和教化境内人民。1983年，石将军像被列为昆明市级文物保护单位，重点文物保护标志立于天王寺旁。同年，云南省人民政府把观音山、洗澡塘洞穴壁画列为省级文物重点保护单位。

三

普照寺，坐落在县城昆阳西南五里处的长松山腰。长松山，山脊高高隆起，像一条欲将腾飞的巨龙。覆盖其身的松柏、古树交森，四时葱郁，把禅宗古刹普照寺遮挡得严严实实。山脊两侧箐谷幽深，清泉喷涌，甘味清冽，为昆阳一景"普照灵泉"。右侧峭壁悬崖，箐谷陡峭，泉水汇流成溪，在悬崖、沟壑、箐谷中回环绝唱，时而舒缓，时而湍急，时而飞流直下，发出"哗哗哗""淙淙淙""轰隆隆"的响声。左侧积流成湖，湖水清澈如镜，清风习来，水波不兴。攀缘在山间，林海松涛里，漫步在山涧溪流旁，山茶、杜鹃，红的、紫的、白的、黄的；含苞的、怒放的，姿态翩翩，风情万种，争奇斗艳。春雨过后，杂木蓬下青草丛中蕨菜青翠壮实；夏秋时季，沟谷、箐沿、崖边火把果红艳似火。鸟儿有的翔于林中，有的立于树梢，有的却在树根草丛中觅食，“叽叽喳喳”“喳喳唧唧”，就没有一会儿消停。

仙境，真的是人间仙境！难怪乎，古今圣人名流墨客都要到此一游或一宿。元初，事业有成且精通少数民族历史的郡牧高阿泥将它辟为避暑山庄。元大德十一年（1307 年）大休禅师募化至此，触景生情，流连忘返，不禁感叹：山上峰峦如双髻，山下城池田畴尽收眼底，这样的风水宝地，能生活在此，真是有福气啊！元代，盘龙祖师崇照在此修行三年，方到盘龙寺落锡。明代流放状元、文学家，享有云南文化界“泰斗”之荣誉的杨慎在此久留，留下了墨宝《游长松山普照寺次马景昌韵》。还有安泰、赵瑗、冯克家……

在昆阳居士杨连及其弟虚室的勤勉操持下，知州高寿和不少同仁慷慨解囊中，历经十二年的艰辛，长松山上庙宇殿坊，楼台亭阁，星罗棋布，金碧辉煌。墙壁屋柱匾额楹联，典雅豪气，书尽世事沧桑，教化普度众生。端坐须弥台上的佛像，黄金为衣，绀螺为髻，手持法器，法相威严，美轮美奂。令凡夫俗子生奇的是，在寺

宇初建成的那段时日里，每当夜幕垂临，庙宇建筑群中，祥光四射，直冲云霄。众生顿悟，惊呼“普照寺”。

普照寺与昆明的圆照寺、玉溪的灵照寺并称为滇中的“三照”名寺。知识渊博，才干超群，为普照寺的筹建费尽心力的杨连落发为僧，并将全部家资捐归普照寺。大休先师的夙愿实现了。晨钟暮鼓，僧人临坛诵经拜佛。善男信女，居士游客，焚香礼佛，络绎不绝。

四

宝泉寺，又名“圣城”，始建于明朝初期，坐落在昆阳南面十一公里处的龙泉山中，昆玉高速在此设有出入口，为一座集佛事与民俗为一身的寺院。

寺名源于：寺外，泉溪经年不息，润泽万物，群山生机盎然；寺内，信众云集，佛心如水，福泽众生，泰然安详；僧俗共识，龙泉山是一座“龙脉旺盛”“泽兴万物”的“风水宝地”，庆山法师因故定寺名为宝泉寺。从此，庆山法师落锡寺中，倾注毕生精力，直至圆寂。后人被他的仁义、诚心、佛

宝泉寺

缘、佛心和慈悲情怀所感动，尊他为宝泉寺祖师，奉为大势至菩萨化身，寺院也因其佛缘灵性，光照黎民，被时人奉为大势至菩萨应化道场和“八宝世界，善住净地”。

2003 年冬至，崇化大和尚途经宝峰，遥见龙泉山雾气袅袅，含烟凝翠，山静云动，多姿多彩，仪态万方，神奇飘逸……台地、山峦、茂林修竹中泉涌百炼，“七珍”显化其中。惊喜之余，发心修复宝泉寺，龙泉山因之改为七珍山。

当日历翻到 2016 年时，七珍山上雨后春笋般地长出了牌坊、正山门、普庵殿、观音殿、大势至菩萨金顶宝殿、方丈院等数十座佛堂僧院，宝泉寺容光再现。七珍山上，佛铃悠扬，梵音缭绕，佛光闪烁，信众云集，一

片佛国风光。

七珍山，林深茂密，四季葱郁盎然。置身其中，如住人间仙境。路边溪流缓缓顺势而下，柔弱细腻，默默地穿行在花草和灌木丛中，形成水在花草灌木中流，花草灌木在水中长的自然景观。树叶挡住了蓝天，阳光只能趁势穿过随风飘曳的叶片让出的缝隙，洒落在铺满落叶的大地上，或点，或线，斑斑驳驳，琉琉璃璃，把大地织成了一张金黄色的网。树下的花儿静静的绽放，不事张扬，与密林、白云、蓝天，共同组成了一个祥和、静谧、悠然自得的桃园世界。

庙宇立在林中，从宝殿里传出的诵经声，一会儿似行云，一会儿又像流水，总在耳畔萦绕。这些单纯缓慢、优雅空灵、深沉纯净、宁静虔诚的音声韵律，让游人心中陡然生起一种宁静的庄严和欣喜，燃烧出一种超越生命的冲动，顿感心灵悠远，佛海无边……

山道，时而为缓坡，时而为石级，两旁山花吐蕊，绿草如茵，放置在花草丛中的音响播放着的梵音，不断地触碰着游人的情怀，让“尘心”感受来自佛国的安宁与平静。梵音中的每一个音符就是一颗心灵，它们从爱出发，用善来作引导，以心来作调和与搭配，把散乱毫无关系的一个个音符组织起来，变成一篇篇冲淡我相、扩大心胸、功德福报、立地成佛的美妙乐章，软化着一颗颗磐石心肠。

在七珍山的东、北、西三面共嵌着四个湖泊，它们依山放置，犹如四颗珍珠。在这里，除了安详、静谧、清幽之外，能引人驻足的恐怕就只剩水的颜色了，或碧绿、深绿、墨绿，或湛蓝、深蓝、浅蓝。远远望去，碧蓝如缎，色墨相间，好似《西游记》中玉皇、王母等神仙休憩、闲情的琼瑶圣阁。这四个连体湖泊，深深浅浅，姿态各异。阳光照耀的时候，波光粼粼，银光闪烁，像女孩，执着、贤惠、明理、优雅、恬静。乌云挡住阳光，或阴雨绵延的时候，不忿不

汇通桥

怒，像绅士，坚毅、睿智、乐观、谦逊、随和。走进细看，湖水清澈见底，湖面倒映着依湖环绕的山脊、绿树、白云和蓝天，是一个鱼在天上飞、云在水中游的梦幻世界。

七珍山，因山有泉而有湖，因湖使山显灵而有寺。宝泉寺是年轻的，但它的神韵为湖光山色的绝伦美妙不断地追加着灵性，令众生心驰神往。有僧有俗说，长期置身其中，能现喜悦相，宽容平和，拓开心量，纳福增寿。

居住在七珍山周边十里八乡的乡亲视山为神。每逢转山节，他们都会为转山准备各种物品，其中最为重要的为经幡。经幡分篮、白、红、绿、黄五种颜色，分别代表着五行学说中的木、金、水、火、土。

2015 年 9 月 10 日，云南省政协民宗委领导与市、县宗教部门领导到宝泉寺调研，座谈时领导说：十多年来，崇化大和尚呕心沥血，目前宝泉寺已粗具规模；宝泉寺占地之大，用材之良，工艺之精，全国少有；宝泉寺在抓好自身建设，积极引导信众爱国爱教，争当民族团结排头兵的同时，积极、主动地融入与南亚、东南亚的佛教文化的交流与合作中，为亚洲佛教命运共同体搭建了对话平台。十年来，崇化大和尚率团访问了南亚、东南亚及欧美等地的许多国家和地区，弘扬了中国特色佛文化，使世界明白了中国佛教的发展、形势及其走向，引来了国外佛教人士的回访。“圣城”——宝泉寺，走出了晋宁，来到了国内和海外。

五

白云观，又名太极宫，距昆阳十四公里，藏于二街镇政府西南五公里处的九龙峰中。

所谓“九龙”，系因峰巅横排九块岩石岗峦，依长岭下俯而得名。观建于山腰凸起处，形似太极，故得名“太极宫”。立于峰巅，远眺全境，恰似九龙俯首戏珠。左来山势缓而高，右来山势急而陡，缓急高低从容怀抱太极山。太极山北面与另一山腰的观音洞双峰对峙。每年秋末

冬初，白云洞会形成云以山为体、山以云为衣的雾霭重叠幻影，故有“白云圣境”之称。宫观周边松柏参天，遍山绿树成荫，涧水淙淙，景色宜人。

相传清康熙初年，云游道士陈太虚行医治病，住脚省城昆明灶君庙。当时云南省制台长子患眼疾，双目失明，僚属闻知陈太虚有妙手回春之医术，即行推荐。经陈太虚精心治疗，制台长子双目复明。制台喜极而泣，即刻召见陈太虚，提出从优酬谢：一是放官，知州知县，任选其一；二是酬金，只要开口均可照办。陈太虚答谢道：“贫道潜心悟道，不贪爵禄，不重金钱，只求关照一事：目下在昆阳州仁德乡（今二街镇）九龙峰择得一块福地，仰赖大人相助，为贫道征用建盖殿宇，以作栖息悟道之场所。”制台当即应允，并说：“吾子眼盲，有缘得救复明，愿将小子拜你为师出家修道，望收下为徒。”

康熙十四年（1675 年）得到制台鼎力支持，一道公文下达昆阳州，州转仁德乡，随即投资鸠工兴建。康熙二十三年（1684 年）殿宇落成。主殿分前、中、后三层，后殿玉皇宫，

白云观

白云洞典礼

塑玉皇大帝及班圣像；中殿塑闻太师及雷部各执司像；前殿又分二层，前层塑茶花女，后层塑马、赵、温、岳四大天君。主殿两侧有多层次的陪殿，内塑各代当家道士像。每层中间均有院落，南院建有开山祖师墓塔，塔内有陈太虚写真塑像。殿阁巍峨壮观，屋檐窗棂，浮雕精湛，布局有致。所有塑像工艺高超，神态栩栩如生，为附近庙宇塑像所不比拟。

太极宫北面的峭壁上，有一天然石洞，洞身二十余米，洞内有楼，楼内有观音塑像，对面石壁塑护法伟驮像。

建观以来，此地就成为晋宁境内的游览名胜区之一，每年八月初一至十五日为朝山会期，境内和邻县信徒游人，云集如市，日不间断。

陈太虚为太极宫开山祖师，所传为道教“龙门派”，其道号字派排列顺序为：道、德、通、玄、境、常、虚、守、太、清、依、然、来、复、本、和、教、永、元、名二十个字，即二十代，相传周而复始。顾制台长子为陈太虚二代徒，排名“清”字，道名顾清山。寺因顾清山在此修道而更负盛名。继而在此修道者，多为官途失意或看破红尘的官宦文人，因而上乘文物对联颇多。

唇齿之间

“王者以民为天，而民以食为天。”自古以来，每个民族都有自己的美食和文化，而每一道美食，都散发着独特的魅力，拥有值得记忆的灵魂密码。锅碗瓢盆渗透一日三餐；油盐酱醋，融汇人生五味。当美食在味蕾中绽放，心底也会开出花来。

在太阳歇脚处

晋宁最边远的少数民族山区乡夕阳，名字叫得诗意。“夕阳”在彝语里，意为日头歇脚的地方。

夕阳境内群山连绵，气候温暖湿润，至今还保持着原始生态体系。独特的小区立体气候，孕育出早蚕豆、甜龙竹、松茸、鸡㙡、腊肉、香肠等多种独一无二的优质绿色农特产品。香糯米、葵花子、红辣椒为夕阳“招牌菜”，有“夕阳三宝”美誉。

夕阳香糯米是当地彝族先民数千年精心选育的珍品，旧时彝族头人常用来进贡朝廷。历经数次战乱，几乎绝种，聪慧的彝家人，将谷种藏进烟筒，才使这珍贵的品种流传至今。香糯米色泽洁白，颗粒饱满，表层富含芳香型米糠脂和维生素D，米胚中含有丰富的蛋白质和多种矿物质及微量的有机锗，有较高的滋补作用。香糯米制成的酒，可用于健身和治病，若加杜仲、黄芪、枸杞、当归等酿制，饮之有壮气提神、美容益寿、舒筋活络的功效；与山药同熬，则能强健脾胃，既是美食，又是温和的营养品。口感舒爽的香糯米，还是制作上等八宝饭的主要原料，过元宵节，吃上小半碗红枣糯米粥和水磨糯米粉包的芝麻汤圆，幸福得让人战栗。

据《晋宁州志》记载，清道光二十年前夕阳就有葵花子种植历史，至今200多年。1991年农业志记载："据民国年间《晋宁州志》《昆阳县志》记载，葵属类有白瓜子、黑瓜子、红瓜子三种。特别是黑瓜子，颗粒大、饱满、品质优好、吃起来不伤口，是接待客人和赠送亲戚朋友的礼品，很受当地百姓的喜爱。经过常年自留自繁的逐步筛选过程，形成了目前颗粒饱满、品质优的当地品种。"坐在冬日的阳光下，打开瓜子，轻轻含在口中，咀嚼的是曾经的岁月，乡村的温度。

据说中国是最擅长嗑瓜子的民族，左手抓一把瓜子，右手捻起一颗往门牙上一放，“咯嘣”一声脆响，壳一裂开，光溜溜的身子就冒出来了。丰子恺先生曾这样写过嗑瓜子的男人：“那些闲散的少爷，一只手指间夹着一支香烟，一只手握着瓜子，且吸且咬，且咬且吃，且吃且谈，且谈且笑。”嗑瓜子，似乎成了某种悠闲生活的象征。

夕阳葵花子涉及夕阳、保安、田房、新山、木杵榔、高粱地、木鲊等村委会。每年半夏，大地的舞者——葵花，会以卑微的姿态，漫山遍野铺展出明快热烈的金色华季，让路过的人，懂得了生命的高贵。

云南民间在乾嘉时期开始食用辣椒，但并不十分普遍，直到光绪年间，才开始大量食用辣椒。辣椒刺激强，可解痛，可使皮肤发红，发热，促进微血管血液循环，还可减轻感冒的不适症状并能预防癌症和动脉硬化。夕阳生产的辣椒属夕阳本地品种，个细长，肉质较厚，食时辣中带香，口感超好。夕阳辣椒做辣椒酱香气扑鼻，驱寒解表，吃起来畅快淋漓。特别是在蔬菜青黄不接的时候，一勺酸辣酱拌饭，不亦快哉！夕阳辣椒面、辣椒油皆为上等调味品；蘸盐油炸干椒，颇具特色，深

夕阳葵花子

得夕阳彝族同胞喜爱。落潮的夕阳辣椒，有秋风带来的硬度和霜的苍凉，吃来后劲很足；别致的糟辣椒，用瓦罐贮存起来，酸、辣、鲜、香，拌在饭里，别的菜完全可以不需要。

每次去夕阳，都要吃上几口辣椒。不吃，便觉得辜负了彝乡人民的深情厚谊。在夕阳，辣椒有三种吃法，干辣椒用油炸、用炭火灰烧，鲜辣椒则用水煮。油炸、炭火灰烧辣椒很讲究方法，过枯过生均不可取，介于脆与绵之间最为适宜；水煮辣椒主料用辣酱，配之以生姜、香葱、大蒜，姜味、蒜味、葱味、辣味，相互撞击、融合，为人体制造了类似于快乐的刺痛、灼热感，欲醉欲仙。

“夕阳三宝”，久在深山无人识。将它们带出大山的是晋宁区夕阳乡新山村党总支书记、村委会主任——普立祥。

20 多年前，夕阳乡交通尚不便利，当地的农副产品销量不大，价格低廉。四五元一公斤的香糯米、六元一公斤的葵花子，无法让农户增收致富。2001 年，还没有担任村委会主任的普立祥，忽然有了一个大胆想法：将夕阳乡种植最普遍的香糯米、葵花子和红辣椒制作包装并取名为“夕阳三宝”。

为让“夕阳三宝”尽早走出大山，普立祥费了不少心思。参加各种展销会、农博会，宣传、推介夕阳农产品，成为普立祥心中的头等大事。2005 年，普立祥申请注册了“夕阳三宝”商标，2012

❶ 辣椒

❷ 黑皮花生

年“夕阳三宝”被认定为昆明市知名商标。而今，“夕阳三宝”在昆阳销售点已达5个。有彝家山寨“姐妹香”之称的“夕阳三宝”，声名远播。

夕阳是晋宁水稻主产区，有着丰富的水稻资源，近年来，陆续开展种养殖为一体的模式，引导农户在稻田里养殖泥鳅和其他鱼类。这些泥鳅和鱼，多以稻谷花为食物，肉质细嫩、味道鲜美，外观比池塘鱼线条清晰。每年季节性特色谷花鱼在夕阳供不应求，充满乡土气息的农家乐常常爆满。为了能让外地游客吃到原生态稻田泥鳅和谷花鱼，夕阳乡专门开设了7家乡村旅游接待点。看风景、尝美食，一场乡村生态慢旅行，让游客体会到返璞归真的人生趣味，拓宽了山区农民发家致富的渠道。

曾在山腰上的村庄——鲁企祖吃过红烧泥鳅和油炸谷花鲫鱼。泥鳅，嫩、滑、鲜、香、辣；谷花鱼，脆、酥、嫩、甜，丰富的味觉齐聚舌尖，仿佛进入梦境。山旮旯艺术团的演员们，身着艳丽的民族服装，一整晚用彝族方言为我们唱酒歌助兴。多姿多彩的彝家美食和酒文化大餐亲密碰撞，至真至善。

夕阳有一个哈尼族聚居村，叫小石板河，隶属高粱地村委会，距昆明约116公里，是昆明地区仅有的两个哈尼族聚居村之一，也是距离昆明最近的哈尼族聚居地。长街宴是哈尼族的一种传统习俗，在哈尼族人民祭护寨神、拜龙求雨的节日，也是作为庄稼人的哈尼族人最盛大的节日——哈尼六月年这天，小石板河哈尼同胞同样会举行传统祭祀、民族歌舞表演、特色美食品尝、长街宴狂欢等活动，吸引了千余各方宾客。

按哈尼族历法，十月是岁首，正是大春上场、厩中猪肥的时节，哈尼族群众在这一天将祭祀田地祖宗，走访亲朋好友，舂制糯米年糕，摆下长街盛宴，载歌载舞庆祝新年。干巴、羊肉、本地土鸡、黑皮花生等夕阳哈尼族特有的风味菜肴，吸引着同乡异族和外地慕名而来的客人。不论身份和民族，只要愿意，都可带着美好的愿望，朝圣般融入这浩浩龙宴中，感受哈尼古老的民族传统文化和风情。

舌尖上的春天

相传自神农尝百草之日，有药用和食用价值的植物成为重点驯化的对象，但受耕作能力限制，直至先秦，农业栽培仍以粮食为主，人们食用的蔬菜来自野外。有人做过粗略统计，《诗经》305篇中提到食用野菜多达45篇25种。可见采摘野菜之风在当时非常盛行。“采葑采菲，无以下体”（语出《诗·邶风·谷风》），意思是采摘葑菲，不要因为根有时候不能食用，就将茎和叶子一同丢掉。这里的“葑”和“菲”分别指蔓菁（俗名大头菜）和萝卜。如今，这两种蔬菜已成为农民栽种的主要作物了。

农耕时代，经驯化的蔬菜远远不够吃，野菜在漫长的人类生活中，仍是餐桌上的主要副食，以致到了唐朝，曾有专门为采摘野菜而设的民俗节日“挑菜节”。唐人李淖在《秦中岁时记》中说：“二月二日，曲江拾菜士民极盛。”宋代，“挑菜节”从宫廷扩展到了民间。对于挑菜节有很多记载，其中，张耒的《二月二日挑菜节·大雨不能出》写得最为深情：“久将松芥芼南羹，佳节泥深人未行。想见故园蔬甲好，一畦春水辘轳声。”写的是每年二月二这天，诗人都要采来青菜烧一锅肉菜汤。而今年的二月二雨大路滑，不能出去挑菜做羹了，只好坐在家中，回忆故乡菜园中那生长旺盛的蔬菜，仿佛又听到引来春水的辘轳的声音。

元入明清，挖野菜只为度饥荒，“挑菜节”也随之消失无踪，今天很多人只知“二月二龙抬头”，却不知有过“挑菜节”。

4000年至7000年前，滇池一带有了定居的农业民族，从事“刀耕火种”的原始农业和捕捞、狩猎、采集、饲养畜禽等多种经营活动。汉初设益州郡，郡下设县，晋宁为滇池县。百草生发的季

节，到郊外挖来野菜，或到园中摘取新菜，生食或做成菜肴，尝鲜菜的美味，讨发财的吉利（“菜”“财”同音），也是晋宁百姓的一种传统。灾荒年月，野菜是穷人赖以活命的依靠，而今，吃野菜成为一种时尚和养生之道，野菜再度成为餐桌的“新宠”。

棠梨花是晋宁山中好菜之一。立春前后，很多树木光秃秃了无生气，棠梨花已悄悄站满枝头。棠梨花花期不长，采摘的最佳时期，是花蕾泛白尚未绽开时，长短一个星期左右。棠梨花香气袭人，但苦涩味较重，需焯熟浸泡之后方可食用，煎、煮、蒸、炒，皆美味。棠梨花含丰富的维生素及氨基酸和人体所需的十几种矿质元素，具清肺、止咳、润喉之功效，深得大众喜欢。民间普遍采花而食，并逐渐成为花食传统佳品。鸡翅棠梨花，为滇菜花食名肴。

从市场买来的棠梨花，一般都已在开水里焯过，凉水里漂过，清洗一下就可以加工了。素炒棠梨花，晋宁常见的吃法：漂好的花朵在清水里洗净、控水，炼透香油，放干椒，干椒

素炒棠梨花

的香辣味一出，倒棠梨花，翻炒三五分钟，加豆瓣酱，炒至锅底没有多余水分，便可上桌。微微的苦、微微的辣、微微的香，互相包容，让人的味蕾，感觉舒爽、刺激。

香椿，楝科，落叶乔木，雌雄异株，被称为“树上蔬菜”，谷雨前后可吃。在民间，吃椿，也叫吃春。古人喜欢吃椿。明代《救荒本草》说：“采（香椿）嫩芽炸熟，水浸淘净，油盐调食。”民谚说：“三月八，吃椿芽。”在晋宁，最早上市的香椿，数量不多，用稻草或者纤维线扎着卖，以两来计算。凉拌椿芽，吃上瘾就戒不掉：滚水烫片刻，切成寸把长，与折耳根叶子合一起，倒上生抽、酸醋、芝麻油，再撒些盐巴、辣酱，开胃，下饭。如果嫌麻烦，直接拌腐乳汁也不错。香椿煎鸡蛋，味道美极，又容易做：椿芽切碎，打入调匀的鸡蛋，撒上盐巴，再调匀，放入沸腾的油锅，滋啦啦一响，捞起，只那么一咬，唇齿留香。

香椿大量上市时，一些学生和山区的亲戚，不约而同登门拜访，说是拜访，其实就是送些香椿来。烫椿油的时机也就成熟了。椿油装瓶密封，可吃上整整一年。蒸臭豆腐，浇上几滴椿油；早餐常吃的面条、米线，连油带香椿拌进去，香而不燥，油而不腻，别

香椿

提多可口。

有一种豆科植物羊蹄甲花，又名白花羊蹄甲，俗称老白花。可做菜，也可入药。一般长在山坡，快要栽秧时节开放，属小灌木。我在双河的山间见过成片成片盛开的老白花，开得惊艳。老白花传统的吃法，不要花蕊，只吃花瓣。和众多野菜一样，新采摘的老白花，需要焯一把漂一夜。老白花花朵硕大，肉厚，焯的时间相对要长一些。老白花下锅后，随着水温的升高，花瓣一点一点蓬松，越积越厚，云朵一般四散，氤氲着苦凉的气息，顷刻之后，花色暗淡，花朵凋零。

经过一夜的清洗，老白花最后一点涩味褪去，便堂而皇之成了餐桌上的佳肴。腊肉豆豉炒老白花，最为美味：热锅冷油，下姜蒜干椒炒香，再下腊肉豆豉，后放老白花翻炒调味，快熟时入韭菜大火翻炒。如果不想复杂，与干椒或辣酱炒，也好。

老白花比较有嚼劲，吃的时候，心急不得。细细嚼，慢慢品，淡淡的苦，隐约的甜，浓重的香，使人的舌尖得到了最大限度的满足。

花色金黄，形体娇小玲珑，势如飞鸟的金雀花，四月间，给古滇大地增添了一抹亮色。这种生于林缘草地、山坡路旁的小花朵，耐干旱，抗强风，可以在自然条件较为恶劣的环境下生长。金雀花在我生活的地方，非常罕见，加上采摘起来费时，因而价格昂贵。但每年，总要买一些来尝个鲜。金雀花鸡蛋饼，香嫩爽滑，有它的那顿饭，多一勺也在情理中。至于金雀花烧汤，又是另一种味道：水烧开，放金雀花，打几个滚，加猪油、盐巴，清淡、香甜的汤菜便做成了。

父亲的中药词典里说，金雀花为豆科植物，含有蛋白质、脂肪、碳水化合物、多种维生素、多种矿物质等成分。性味微温甜，具有滋阴、和血、健脾的功效，还可清肝明目，经常食用金雀花能对人们的身体大有益处。可惜这些开在季节深处的小花，来去匆匆，唯一可以随时拥有的，也只是一份回忆与憧憬罢。

蕨菜，多年生草本植物，家乡人称之为“蕨蕨”，文雅一点的叫法，则为“龙爪菜”。蕨菜算是山野生长最多的一种野菜，就连我学校后面的石将军山上，也大量生长着。背阴潮湿的坡林，厚密的落叶中，立春一过，蕨菜齐刷刷钻出地面，蜷缩的叶片宛若婴儿的小拳头。新出土的蕨菜，最好，也最难掐，长到一拃多长的蕨菜，是大家的首选。掐蕨菜，要的是耐心和细心。食指和中指在离地面一寸左右的地方，夹住蕨菜茎，拇指轻轻一压，蕨菜就脆生生断了。

餐馆里的蕨菜，多与韭菜凉拌，蒜泥、辣椒面、酱油、酸醋等必需的佐料。而在家中，吃凉拌蕨菜，只掺自制辣酱，尽可能地简单。冬天，围着红泥火炉取暖，再煨些干蕨菜吃，亲情凝聚，暖意融融：干蕨菜撕成条，放火烧辣，与刀豆、茶豆炖，实在美妙，若再添

❶金雀花鸡蛋饼

❷蕨菜

些腊肉或者火腿或者新鲜的排骨、带皮的猪肉熬上一夜，揭开锅，闭上眼，轻轻一闻，不醉说不过去。蕨菜虽普通，但无论自己吃，还是招待亲朋好友，都不会觉得寒碜。蕨菜加工成干菜，做馅、腌渍成罐头，非常开胃。

车前草在我们家乡，俗名“蛤蟆根儿”，可做中药，也可食用。青豆扬花的时节，在田埂、草间长出。青豆成熟，挖车前草的最佳日子也就到了。车前草茎叶非常柔韧，根埋得深，用手拔不方便。童年时，每年开春，提一个小竹篮，带上镰刀，跟在母亲身后，去豆田撬车前草，是我日常生活里最有趣的事。车前草带回家，削根、清洗、滚烫的锅里焯熟，漂一夜，就能和干椒炒了吃。每次，母亲总要炒一大盆，既做菜，又当饭，百吃不厌。

我住所不远处，有个渔村，离滇池近，村民捕鱼又种田。村子不大，民风淳朴，我喜欢到那里散步。春天来时，绕田地一圈，身心得到放松，也有意外的收获——满满一兜车前草，

肥美、鲜嫩，春天的味道，在流转的光阴里，不经意浓了。当农田改为菜地，露天菜地被大棚取代，见得到车前草的地方少了，这种卑微的植物，逐渐变得高贵。

另有荠菜煮水豆腐，干椒炒水芹、炒灰条菜，等等，也是晋宁百姓餐桌上的常客，不再一一赘述。

夏天的精灵

野生菌是夏天的精灵。一场雨，可以洗净污浊，也可孕育美食。云南野生食用菌，居全国菌类四分之三，其种类之多，分布之广，产量之大，名扬四海。云南常食用野生菌有 35 种。汪曾祺先生把云南鸡纵和干巴菌，赞美为“人间至味”。晋宁双河、夕阳、二街、六街、宝峰等乡镇（街道），有着广袤的森林和保护完好的水资源，具备菌类生长的极佳环境。晋宁大部分野生菌，出自这些地方。五六月间，当菌子破土而出，人们便开始蠢蠢欲动，不约而同深入高山茂林，在草丛中、松树下，扒开枯枝腐叶，享受捡菌子的乐趣。

野生菌

六街森林覆盖率近65%，漫山遍野菌子疯长，六街有最大的菌山，在大营村。大营村前村后山峦叠翠，绵延数十里，都是野生菌的沃土。随意走进一座森林，空气中都溢满浓郁的菌香，是昆明周边捡菌子、买菌子的好去处。大营除了菌子多，还有独特美丽的自然景观：森林草丛相间，原始森林次生林共存，满山植被草地，绿油油的几乎纤尘不染，是名副其实的天然森林公园。

每到夏季，六街菌街子，一派热闹景象，从5月底到9月

末，菌街子每天赶两场，日交易量达5吨多。由于产量多，获利大，许多村民，尤其大营村人，陆续加入收购野生菌的行列。六街野生菌大多销往昆明，少量留在本地。干巴菌、鸡坳、松茸和牛肝菌等20余种优质野生菌陆续被带到山外，六街，大营村渐渐为人熟知。

干巴菌产于七八月，又名松毛菌。生长在马尾松树下。刚出土时呈黄褐色，老熟后变成黑褐色，有一股腌牛肉干的浓香，因此得名。干巴菌其貌不扬，但味道独特，肉质脆嫩，嚼味无穷，适合炒、炸、干煸、腌。素炒最为简单：菌撕细成丝，洗净，配青椒丝、蒜泥和盐巴，炒熟即成。也可只放干椒和盐巴。干巴菌，甘甜清香，耐人寻味，若与一些蔬菜、肉类、家禽搭配烧制，是招待宾客的佳肴。干巴菌和辣子、韭菜花一起腌，演绎出的香、辣、酸的味道，不经意勾走人的三魂七魄。汪曾祺先生在《昆明食菌》一文中，倾尽一个作家和美食家的才学，将干巴菌的味道描写到了极致："干巴菌，菌也，但有陈年宣威火腿香味、宁波曹白鱼鲞香味、苏州风鸭香味、南京鸭胗肝香味，且杂有松毛的清香气味。"

鸡坳，又称伞把菇，是云南四大名菌之一。鸡坳肉质肥厚，脆嫩爽口，含人体所必需的氨基酸、蛋白质、脂肪，还有各种维生素和钙、磷、核黄酸等物质。鸡坳的吃法很多，无论做法如何，其滋味都很鲜。火腿蒸鸡坳，是晋宁人最喜欢的美食之一：火腿适量，鸡坳适量，切片，相交叠放入碗盘中，放油盐适量，置火上蒸熟，绝对上品。汁子拌米饭则散发着迷人的奇香，想不爱都难。在记述云南风物特产的《滇南心语》《永昌府志》等书中，提到另一种做法：将鲜鸡坳用盐腌制，蒸熟之后，经存放，上面析出一层液体，收集起来。或连液体蒸干，则为鸡坳酱，为滇中珍品。

六街野生菌

鸡㙡价格奇高，寻常人家不大吃，大都做鸡㙡油：鲜鸡㙡洗净，入油锅，与辣椒、花椒等香料同炸。可以这样说，一家炸，家家香，这样保存的鸡㙡能吃到来年新鸡㙡上市，风味不减，和椿油一样，只需一点点，放在蒸豆腐、煮米线和面条里，清香四溢，余味无穷。

身为蘑菇之王的松茸，在古代日本，是老百姓向贵族和天皇进贡的珍品之一。宋代《经史证类务急草本》有记载，松茸具有强身、健肠胃、止痛等特殊作用。相传广岛遭原子弹袭击后，唯一存活的植物只有松茸，目前全世界都不能人工培植。松茸生在云南松、华山松、杜鹃等密林中的缓坡上，6 月至 11 月出，8 月至 9 月为旺季，有特别的浓香，具有提高体内胰岛素含量、减少饭后血糖含量和直接降糖的作用，成为糖尿病辅助治疗的康复食品。

松茸的由来历史悠久，最早源于我国。大约 7000 年前，松茸诞生于我国横断山脉的香格里拉原始森林中。到了宋哲宗元祐年间，《经史证类备急本草》记载，因该菌生于松林下，菌蕾如鹿茸，故名松茸。宋代《菌谱》中称此菌为松蕈，明代《本草纲目》把松蕈列在香蕈条下，又称台蕈，后经小林义雄考证，认为松蕈即松茸。

松茸最普遍的做法，就是炖鸡。松茸入汤，几乎可以百搭，即便做一锅松茸素汤，也别有滋味。炭烤松茸，保留了原汁原味，又有木炭的清香。凉拌松茸，晋宁人爱吃。

汪曾祺先生在《昆明的雨》中写道："牛肝菌下来的时候，家家饭馆卖炒牛肝菌，连西南联大食堂的桌子上都可以有一碗。"可见牛肝菌是一种很常见的菌类。牛肝菌中还有一个很特别的分类——见手青。手摸到此菌的身体后，菌子就变成紫青色，所以称之为"见手青"。准确地说见手青是一类具有显色反应特征，常见的有"黄见手""红见手"，据说还有"黑见手"。

雨后天晴时，牛肝菌生长较多，易于采收。牛肝菌味道鲜美，营养丰富。黄、黑、白、红食用方法相同，味道相似：香油炼熟，放干椒、蒜片翻炒片刻，倒入牛肝菌，持续拌炒十几分钟，不能粘锅。牛肝菌有毒，切的时候必须注意刀法，薄厚要均匀；炒的时候，要平均受热不停翻炒，不能在锅铲上有余留。牛肝菌类，最美味毒性最大的是"见手青"。如果担心中毒，用开水煮一把，漂洗后再炒，味道会淡，但食用起来安全。

平生最爱青头菌。青头菌呈青绿色白色混合状，色白质嫩，香气芬芳，藏在树林的草丛中，生长环境极其纯净。非常神奇的是，青头菌均以成对形式出现，深林中只要发现一朵，在不超出一米范围内必定能发现另一朵。由于它本身具有与青草一般的保护色，不容易被人发现。青头菌内含有丰富的蛋白质、氨基酸、植物纤维等成分。青椒炒青头菌，香辣鲜甜，刺激味蕾；青头帽蒸肉末，保留了菌子的鲜美原味：搅拌好的肉末放入菌帽，蒸 20 分钟即可出锅。水煮青头菌，别有一番风味：水烧开，放青头菌，再放葱花、大蒜、再烧开，汤汁香甜，鲜，清淡，一饮而尽，豪迈之情尽显。汤汁碰触舌尖，有跳出五味的鲜，平凡又美妙的特殊味觉体验，简单，不加修饰，似乎饮尽的不只是菌子的味道，还有山的味道，泥土的味道，阳光雨露的味道。

盛产野生菌的六街和双河，可以吃到“野菌八碗”，牛肝菌、见手青、鸡油菌、虎掌菌、铜绿菌等，争奇斗艳，叫人垂涎。

最经典的野生菌吃法，应该是火锅，昆阳周边火锅店有老江川、星星、高林、祥瑞、恒益、和莲香、柒仟味等，食材本身的品质和精心熬制的高汤，让人有山川河流就在自己脚下的旷野之感。每一次品尝都像是在和大自然亲密接触，纯净、本真的鲜香，是人与自然相互关爱的见证，也是游子心中永远的乡恋。

如若有一天，家中炖一锅高汤，高汤里熬的是自己亲手拾的菌子，邀家人或三五知己一道品尝，该有多美。

人间有味是清欢

女儿初去北京上班，正是雾霾很重的 11 月，问她是否习惯那里的生活，她说，还好，就是想念云南的米线。听罢，心有戚戚。

云南人对米线，似乎都有一种近乎偏执的热爱。有什么办

法！从小生活在米线王国，每个地方，都有属于自己的那碗米线。米线总是不显山不露水藏在民间，只等你不经意驻足，狠狠攻破你的味蕾防线。

关于米线的起源，我听过两种说法：中国五胡乱华时期北方民众避居南方而产生的类似面条的食品；秦始皇攻打桂林时，北方士兵吃不惯南方米饭，人们就用米磨成粉状并做成面条的形状，缓解士兵思乡之情。不管哪种说法更有可信度，米线在中国的确有悠久的历史。在最早的烹饪书《食次》里，米线记为“粲”，“粲”本意为精米，引申义为“精制餐食”；宋朝时称“米览”，已可干制，送人；明清时称作“米糷”（烂音）。

米线虽不属于云南原创发明，却在云南开花结果。云南米线，有酸浆、干浆两种。酸浆米线的制作工艺相对繁杂，要经过选米、净米、洗泡、发酵、磨浆、潮化、合成、初蒸、压榨、煮熟、冷却、漂洗、装箩等流程，生产费时，但成品筋骨好，滑爽回甜，有大米清香，为传统制法。干浆米线，则是大米磨粉后直接放置机器中挤压的产物，靠摩擦热度使其糊化成型，晒干后即为“干米

“花老奶”米线店

线”，方便携带贮藏。干浆米线筋骨硬、咬口、线长，但香不及酸浆米线。

提起云南米线，人们首先会想到过桥米线。实际上，过桥米线只是云南米线江湖中的一个亮点。据云南作家、美食家风之末端先生介绍，云南米线的吃法有两三百种，凉、烫、卤、炒，各有千秋，配料更是不胜枚举：焖肉、猪皮、肠旺、酥肉、杂酱，牛肉，甚至鸡鸭羊鱼。只有想不到，没有吃不着。

20 世纪 80 年代，群众文化生活比较单一，有一部朝鲜进口电影叫《看不见的战线》，在昆明很火，而打毛线，也是那个时代昆明妇女的生活场景。昆明有个民谣：“看不见的战线，打不尽的毛线，吃不完的米线。”真实生动地道出云南人对米线的痴迷。

晋宁人对米线喜爱有加。在晋宁人心中，米线完全可以和任何一种食物媲美。昆阳周边的米线节最早可以追溯到 300 多年前，下方古城农历三月十三“迎城隍”米线节，已打造出晋宁民俗民间文化名片，并列入昆明市非物质文化遗

米线

产保护名录。

在晋宁，有小吃的地方，多有米线卖，仅昆阳一处，就有“蒙菊过桥米线”“周晋红米线”“胖子小锅米线”“玲智土鸡米线”“腾达米线”“么么小黄牛代母牛肉米线”“王氏羊肉米线”等。将晋宁米线卖到极致的人，叫“花老奶”。“花老奶”本名柴翠芬，因生性活泼，喜欢穿碎花衣裳，食客便为她取了一个可爱的别名。

1983 年，26 岁的“花老奶”从母亲手中接过大勺，当了露水摊老板，虽然生意火爆，但仅限于杂酱和碎肉两种口味。于是，每当家里做了什么好吃的，她就尝试做这种口味的米线，将家传辅料的方子从炒功、火候、配料……不断进行改良，终由街边摊摊华丽转身为晋宁名店。2004 年，“花老奶”为豆花米线注册了商标，创建了“花老奶”餐饮有限公司，至此，“花老奶米线”名气打响。从初始只有凉米线，只有杂酱和碎肉两种口味，到推出豆花、板栗、大排、竹笋、牛肉、鸡肉等 10 多个品种，“花老奶”靠着勤劳的双手，书写出一段艰苦创业的佳话。

一碗“花老奶米线”，看似简单，其中暗藏的奥妙又有几人能琢磨？每一种米线辅料，就是每一个米线伴侣。米线再好，伴侣不行，品质也会受影响。所以，任何一种辅料的研制过程，就是“花老奶”对每一寸时光精心雕刻的过程。她在那个过程里，编织着自己一段段的生活，而那一段段的生活，又是她生活的大部分。当她埋着头，一丝不苟地忙碌着，生命的时光无比真切，触手可及。

总有一道美食让你欲罢不能

来过晋宁的朋友和我聊晋宁，都绕不开卤鸭。这不奇怪，清末民初，昆阳卤鸭就通过水路销往昆明了，并在玉溪、通海、建水、蒙自、易门等地开辟了市场。在朋友们看来，昆阳卤鸭堪称晋宁第

一美味。相传，这种古老的食物，自郑和时代便在昆阳安寨扎营，而尹氏传入说，则更早一些：

明洪武年间，尹氏先祖受朝廷差遣自金陵入滇，明军平定云南后入赘昆阳，以南京盐水鸭的制作方法烹饪滇麻鸭食用和待客。因色淡味咸不被乡亲接受，反复思量后，先祖将南京盐水鸭制作方法结合滇味烹饪技法加以改良，配之以多种中草药及香料卤制，创成昆阳卤鸭。

我们无法说清昆阳卤鸭的教父是郑和还是尹氏先祖或者其他人，但它和南京盐水鸭一脉相承应是毫无争议的问题。

民国时期，昆阳卤鸭闻名滇中地区。著名的店铺名号有“悦宾楼”“鸿发园”“仁和贵”等 20 多家。新中国成立后，国家实行公私合营，昆阳卤鸭商家纷纷并入国营食堂，卤鸭制作技艺得以广泛传播。

昆阳卤鸭

昆阳卤鸭之所以名声大噪，与选料加工密不可分。据说，制作卤鸭的活鸭必须是1.5千克以上的滇池麻鸭，以绿头毛亮的公鸭最为理想。滇池禁养鸭子后，昆阳卤鸭原材料改由宜良引进。鸭子从宰杀到卤锅要经过10多道工序，非常费时。清洗鸭子用的是当地井水，一旦离开故土，昆阳卤鸭不再地道和纯正。一般来说，鸭子腌四五天，吊晒二三天，清洗之后便可入锅。卤药含丁香、八角、木香、波蔻、肉桂等十多二十种，“东门卤鸭”还加三赖、香芝麻，有时也放陈年的火腿骨头和腊肉。

“东门卤鸭”属改革开放后第一批晋宁名特产品，大约40年前，与同时代的“写老”“小顺”“猫林”“老包”“尹氏”等，在昆阳中市场十字街以下（今天的区政府、百货大楼两侧），逢五、九赶集天销售，平日供餐馆待客。市场集中整治后，商户随之搬迁至南门、郑和路农贸市场，一部分在昆阳大街、东门、永乐大街设铺面。较有名的店铺有“望江楼”“醉月轩”“猫林”“鸡康”“东门”等。而今，“写老”“小顺”已经停业，但“老包”“猫林”“尹氏”“彩琴”等品牌却打开了更大的市场，成为昆阳卤鸭界精英。以“猫林卤鸭”为代表的昆阳卤鸭多次代表晋宁参加昆明农博会，金桥年货等会展，极大地提高了昆阳卤鸭知名度。近年，昆阳卤鸭如火如荼，已发展到一百户左右上千人从业。

一锅经年老汤，诸多香料的中和，五六个小时慢火卤制，包含了世世代代昆阳人以和为贵、以平衡为贵的生存理念和内敛、包容、朴实的性格特征。说昆阳卤鸭是绝世美味，一点都不夸张。

作为纯粹的庸常生活里力所能及的享乐主义者，读书，听音乐，四处找吃的，都是我生活的常态。我以为，食物是人间最美的情书，能给人带来极致的幸福。十来个人挤一辆面包车去几十里外吃毛驴肉、麻辣鸡，都是好玩的事。

近一点的老昆洛公路上蒜“二零九”坡头餐馆，无一例外地成了我们的第二食堂。“馨馨小吃”在1996年，闯入我们视线。

“馨馨小吃”，两层小楼，裸露的红砖和水泥墙面，保留着硬朗的工业风气质。站在栏边，鸽子窝和大湾山与我们遥遥相望，

茫茫滇池在夕阳映照下，泛起温柔的情怀。几碟农家菜，一壶山茶叶，主客间的无束交谈，呈现出平实简朴的意境。

不久后遇见糟鱼。青皱皮辣垫底，加蒜瓣，用洋瓷盆蒸出的糟鱼，咸、香、麻、辣，鱼的味道混合酒的味道，醇厚绵长，胜却人间无数。

随着顾客需求的增加，“馨馨小吃”开始制作罐装糟鱼。及至修环湖路餐馆拆除迁至牛恋村私宅，上蒜“回头再来农家”的知名度一天大过一天。“回头再来农家”是“馨馨小吃”的新名字，许多慕名而来的客人在这里体验到了南滇池的食物之美。历尽市场考验的“回头再来农家”多年来顾客盈门，其招牌菜“回头再来糟鱼”渐渐成为晋宁糟鱼之翘楚。“回头再来糟鱼”无特殊配方，只有不变的经营模式：肚皮厚，油多，肉质细密、紧致的滇池鲤鱼是“回头再来糟鱼”唯一的原料，配料仅盐巴、花椒面、辣椒面和白酒四种。花椒面原料为本地新鲜花椒，自家晒，自家舂；辣椒面则用滇南著名的丘北辣磨成；至于白酒，选的是朋友家酿的高粱酒。罐装糟鱼根据原料多少供应，售完为止，不以次充好。

“糟”，有腐朽、腐烂之意，用它烹制美食，是否有化腐朽为神奇的力量？如果是，“糟”便是中华料理之伟大发明了。我国许多地方有糟鱼，以鲤、青、草等大鳞鱼为原料。配料不同、做法和烹饪方式各异，同名未必同宗。但它们最大限度地

上蒜糟鱼

让食客饱尝了大自然用真淳调和而成的人生况味这一真谛是相通的。

《史记》记载：滇人擅长腌制肉食，以青铜或陶制的釜、甑、罐和镬为烹制食物。我们可以大胆猜测，上蒜人制作“糟鱼”的历史已超过两千年。

距离昆阳 38 公里的双河彝族乡，气候宜人，辽阔的山地草场，为畜牧业，特别是黄牛养殖提供了独有的发展环境。自然放养，顺应动物习性，使自然的给予和索取得以完美平衡。山上觅食和栖息，吃天然牧草的双河黄牛，皮实、鲜美，让人大有“良久有回味，始觉甘如饴”之感。

双河人自古喜食牛肉，腌制干巴，不仅方便保存，而且提升了牛肉的味道。椒盐浸透的牛干巴，丝头小，韧性好。到田地里劳动，带上一包冷饭，里面放一块烤熟的干巴，冷饭下干巴，十分有味。在双河，牛干巴不是切成片来加工，而是块。名曰“大干巴”。十多年前，彝族风味的大干巴，风靡一时，在很长一段时间，满足了晋宁人的味蕾需求，又提升了双河的知名度。尽管后来，大干巴的原料有一部分来自易门，但保持传统风味，是彝家人不变的追求。“双河大干巴”外焦里黄，越吃越上口，但各家味道又有区别，原料和研制过程秘而不宣，为“双河大干巴”添了几分神秘。

位于昆阳街道和代村的“冉升生态园”，占地 20 亩，园内林木葱郁，环境清幽。这里有晋宁最大的婚宴大厅，也有小厅、包间、雅座。

双河大干巴

可同时容纳2500余人就餐。冉升园致力于传承和弘扬彝乡生态美食文化，力图以美味可口的菜肴，优质温馨的服务回馈社会。彝家风味大干巴属“冉升生态园”招牌菜。潺潺流水，缓缓地演绎着生态乐章，洁白的桌布上，摆一盘“大干巴”，用手撕着吃，每一个人，不自觉地放低姿态，自然收起内心防卫，保持着对美食的虔诚，用心感受“冉升生态园”用心经营的双河情怀，不谈悲喜、不争朝夕。如今，“冉升生态园”迁至春和璟苑小区。在这里，传统菜式双河大干巴和地地道道的晋宁特色美食，满足了不同食客的味蕾享受。

在晋宁，多日不见的朋友约吃饭，往往会说：“走，三公斤。”几乎不会有人反对。倘若你是晋宁人，连“三公斤”都没听说过，说不定会招来一顿笑。

“三公斤”是什么？一道菜的简称。以店主段仕金小名“三公斤”命名的“三公斤炖猪脚”，是晋城古滇商贸城荷风香舍排名靠前的菜品。

晋城炖猪脚

经过精心熬制的“三公斤炖猪脚”，香糯可口，一碗一

❶ 二街一锅羊

❷ 宝峰辣子鸡

只。纹理分明，肥而不腻，色泽金红宛如膏脂。撒上胡辣椒面和香菜的“三公斤炟猪脚”，香味诱人，沁人心脾。用筷子一挑，骨肉瞬间分离，入口即化。与传统红烧猪脚口味不同的“三公斤炟猪脚”，为段家独有，可谓昆明猪脚界奇迹。从食材进货的严格把关，到出成品，“三公斤”都亲力亲为。猪脚去腥，水炸，除毛后熬制，需文火熬制 16 小时。文火熬制 16 个小时和大火熬制 12 个小时的口味相差无几，但“三公斤”坚持用文火熬制 16 个小时，图的就是口感和色泽。每天售满 300 只猪脚就不再另加，无形中增加了 2000 多元的成本，“三公斤”却一直秉承求质不求量的宗旨，用真材实料熬制最好的猪脚。为避免外地食客大老远赶来吃不到，店内有一个“不外卖”的提示。除非偶尔，外地客人想要带一点回家会外卖几只，否则绝不破例。

提升“炟猪脚”品质，让更多外地食客不仅有机会与炟猪脚亲密接触，还能捎一些回家，轻松享用这滑嫩香浓的美味带来的温馨体验，是“三公斤”对食客的真情告白和馈赠，饱含了主人对生活与生命的敬畏。

晋宁美食不胜枚举。比较出名的还有“马记牛汤锅”“宝峰辣子鸡”“二街一锅羊”等。它们也和“昆阳卤鸭”“上蒜糟鱼”“双河大干巴”“晋城三公斤炟猪脚”一样，是经得起时间考验，不能不吃的佳肴。吃食是一种幸福，品味是一种情趣。能吃者得到一份暖胃的享受，会吃者找到一份心得平静。但愿，晋宁的美食能成为你人生最温暖的味道。